技工院校电子商务专业教材
中等职业学校电子商务专业教材

电子商务法律法规

袁志勇　主编

中国劳动社会保障出版社

简介

本教材主要包括电子商务法概述、电子商务经营者相关法律规范、电子签名与电子认证、电子商务合同、电子商务中的知识产权保护、电子商务中的消费者权益保护、电子商务争议解决与法律责任、新兴电子商务模式的法律规制等内容。

本教材深浅适宜，结合大量案例，通俗且较为全面地讲解了电子商务法律法规的相关内容，便于学生理解掌握。

本教材由袁志勇任主编，王新庄任副主编，张雪、高武杰、张鹏飞、周睿、董静、刘诗乐参与编写。

图书在版编目（CIP）数据

电子商务法律法规 / 袁志勇主编. -- 北京：中国劳动社会保障出版社，2024. --（技工院校电子商务专业教材）（中等职业学校电子商务专业教材）. -- ISBN 978-7-5167-6666-8

Ⅰ. D922.294

中国国家版本馆 CIP 数据核字第 2024DB1214 号

中国劳动社会保障出版社出版发行

（北京市惠新东街 1 号　邮政编码：100029）

*

河北宝昌佳彩印刷有限公司印刷装订　　　新华书店经销

787 毫米 ×1092 毫米　16 开本　10.75 印张　200 千字

2024 年 12 月第 1 版　　2024 年 12 月第 1 次印刷

定价：25.00 元

营销中心电话：400-606-6496

出版社网址：https://www.class.com.cn

https://jg.class.com.cn

前言

目前，电子商务已成为国家产业结构优化升级、转变区域经济发展方式的战略重点，企业对电子商务专业人才的需求日益旺盛。为了培养更加符合电子商务技术领域和职业岗位（群）任职要求的中等技术应用型人才，我们组建了一支由多所中等职业学校电子商务专业带头人、专职教师及企业专家组成的编写团队，开发了这套电子商务专业教材。教材主要具有以下几点特色。

第一，满足中等职业学校教学所需。结合国家职业标准、企业需求及教学实际，构建了一个涵盖电子商务、跨境电子商务、移动商务、网络营销与直播电商的完整教材体系，包括《电子商务基础》《电子商务法律法规》等专业基础课教材，《电子商务网页设计》《电子商务数据采集与处理》《短视频制作》等技术与服务类专业核心课教材，《网店运营实务》《跨境电子商务运营实务》《电商直播》《网店推广》等运营与推广类专业核心课教材，《电子商务会计》《电子商务物流》《电子商务文案写作》等专业拓展课教材及配套习题册等，体系完整，覆盖面广，能够满足中等职业学校教学所需。

第二，契合企业岗位任职要求。中职电子商务专业毕业生主要面向网商、跨境电商和服务电商企业，使用计算机、网络、通信等现代信息技术从事商务活动。因此，教材紧跟企业岗位任职要求，以从零起点培养学生的职业能力为原则，根据国家职业标准中的技能要求和相关知识要求设计教材内容，突出企业需求，彰显中职电子商务教材特色。

第三，符合学生认知规律。教材以中等职业学校教学模式为指引，采用“项目—学习任务”式编写形式，通过丰富的案例分析、知识拓展和课堂思考，激发学生的学习兴趣，让学生在实践中学习，在任务中成长。另外，教材的设计也充分考虑了学生的认知规律，尽可能多地以图表代替大段冗长的文字叙述，降低学习难度；采用双色或四色印刷，以提高教材的表现力。

第四，教学资源配套丰富。我们遵循有效性原则，根据教材内容和教学实际，开发相对应的微课、视频、图片资源库等数字化配套产品，以便于教师拓展教学和学生自主学习。电子课件及习题册答案可登录技工教育网（jg.class.com.cn）查询下载，数字化配套产品扫描书中二维码即可在线观看或收听。

本套教材的编写工作得到了有关学校的大力支持，教材的编审人员做了大量的工作，在此，我们表示衷心的感谢！同时，恳切希望广大读者对教材提出宝贵的意见和建议。

目录

模块四　电子商务合同

模块五　电子商务中的知识产权保护

模块六　电子商务中的消费者权益保护

模块七　电子商务争议解决与法律责任

模块八　新兴电子商务模式的法律规制

模块一
电子商务法概述

学习单元 1　电子商务法的内涵

学习目标

● 知识目标

1. 理解电子商务的定义和特点。
2. 掌握电子商务法的定义和特点。
3. 了解电子商务法的调整对象和作用。

● 技能目标

1. 能够分析电子商务法对电子商务的影响。
2. 能够分析电子商务法如何规范电子商务活动。

学习导入

中国电子商务规模实现跨越式增长

据国家统计局数据，2023 年全国电子商务交易额达到 46.83 万亿元，比上年增长 9.4%。

2020 年以来，电商直播、在线教育、在线医疗、社区团购等新业态、新模式不断涌现，同时“家场景”“宅经济”等消费趋势热度持续走高，这些因素共同推动了中国网络零售市场的蓬勃发展。如今，电子商务已深度融入生活的方方面面，极大地改变了人们的生活方式，并在数字化转型中发挥了关键作用。

但是，随着人工智能、云计算、区块链、大数据等新技术的出现和发展，电子商务交易活动中也衍生出众多亟待解决的问题。其中，数据安全、个人信息保护、知识产权保护等方面的问题日益凸显其重要性。因此，国家制定了相关法律法规，以保障电子商务的发展，并确保其活动的合法性和安全性。

请思考

电子商务究竟是什么，它具有哪些特点？电子商务法的定义又是什么，它有哪些特征？电子商务法在电子商务活动中扮演着怎样的角色，起到了哪些关键作用？接下来，让我们带着这些问题，一同深入探究本单元的内容，寻找答案。

相关知识

一、电子商务的定义和特点

1. 电子商务的定义

电子商务是通过互联网等信息网络销售商品或者提供服务的经营活动。

在电子商务环境中，交易双方无须面对面交流，也无须依赖纸质支付方式（如现金）进行商品或服务的交易，而是借助网络和电子数据交换技术，通过远程协商、商品选择、在线支付以及高效快捷的物流配送系统来完成整个交易流程。

电子商务主要涵盖参与者、交易过程以及支撑体系三大要素（见表 1–1）。

表 1–1　电子商务要素

项目	子项	说明
电子商务的参与者	消费者	能够通过电子商务平台购买商品或服务
	企业	可以借助电子商务平台销售商品或提供服务
	政府机构和金融机构	利用电子商务平台提供公共服务或进行金融交易
电子商务的交易过程	交易前阶段	搜索、浏览、比较和选择商品或服务，下订单等
	交易中阶段	完成支付、物流配送、退货处理等
	交易后阶段	提供售后服务、收集客户反馈等

续表

项目	子项	说明
电子商务的支撑体系	技术支撑	依托先进信息技术的综合应用，为电子商务提供稳固的基础设施和技术后盾
	物流支撑	在电子商务中扮演着重要角色，负责商品的配送和运输
	支付支撑	实现电子商务交易顺畅进行的关键，涵盖电子货币交换、在线支付及结算等重要功能
	安全支撑	涉及交易安全、信息安全和网络安全等多个层面
	法律支撑	为电子商务奠定法律基础并提供监管支持，规范电子商务交易行为

2. 电子商务的特点

与传统的商务活动相比，电子商务虽然本质上仍然是一种商务活动，但它具有自身的特点。总体而言，电子商务具有交易内容的信息化、交易空间的全球化、交易活动的迅捷化、交易活动的智能化特点（见表 1–2）。

表 1–2　电子商务的特点

项目	说明	详细内容
交易内容的信息化	电子商务交易以电子信息为介质，实现无纸化交易	电子商务采用现代网络技术，将商业活动所需信息以电子方式完整呈现，包括信息传递、合意达成、货币支付及部分物流转移等，提高了商业活动的效率和便利性，降低了经营成本
交易空间的全球化	电子商务打破地域界限，实现全球化交易	电子商务的开放性和全球性特点使得消费者和企业可以来自全球各地，商业活动更加全球化。依靠互联网形成的空间范围无地域界限，交易活动可随时随地进行，提高了效率
交易活动的迅捷化	电子商务重新定义流通模式，实现迅捷化交易	在网络社会中，产品信息、供求信息等瞬间传递全球，使产品行销更便捷，中间环节减少，交易费用降低，商家与商家、商家与消费者之间的沟通和交易更为迅捷有效
交易活动的智能化	电子商务应用大数据、人工智能等技术，实现智能化交易	越来越多的企业将人工智能技术应用于电子商务中，提升效率，降低成本，提高用户满意度。例如，通过人工智能技术进行个性化推荐、智能化客服等服务，通过大数据技术对用户行为进行分析和预测，为电子商务提供智能化和个性化服务

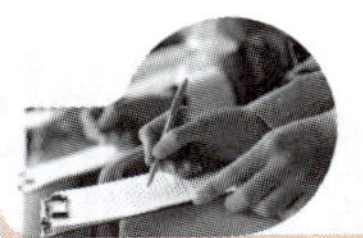

说一说

请结合你和身边家人与朋友的经历，说一说电子商务对人们的生活和学习产生了哪些影响？带来了什么改变？

二、电子商务法的定义和特点

1. 电子商务法的定义

电子商务法的定义有广义和狭义之分。

广义的电子商务法是指调整电子商务活动中所有关系的法律规范总称。

狭义的电子商务法是指调整以网络为交易工具、以数据电文为交易手段而形成的商事关系的法律规范。这是实质意义上的电子商务法，也是作为部门法意义上的电子商务法。

2. 电子商务法的特点

与传统商法相比，电子商务法具有开放性、国际性、技术性、安全性和复杂性等特点。

（1）开放性

电子商务是以电子数据和信息技术、网络为基础的，随着信息技术的不断创新与发展，电子商务活动在形式上呈现出发展变化的多样性，且会不断创新。因此，国际组织和各国政府在电子商务立法中，会大量使用开放性的条款和法律规范，以保证有利于电子商务发展的技术创新能够充分发挥作用。

（2）国际性

电子商务在空间上具有全球化特征，这一特征决定着电子商务法的国际性。任何一个国家都不能以自己国家的特定情况为由实施特殊政策，而应以全球性的商务统一为解决方案，将电子商务法的规定与国际接轨，采纳或吸收国际条约、惯例，体现全球化的趋势与要求，以利于与其他国家电子商务相关规则的对接。

（3）技术性

电子商务活动明显有别于传统的民商事活动，即完全或部分地应用了计算机技术、网络技术、通信技术、安全保密技术等技术手段与方法，如电子签名和电子认证中使用的密钥技术、公钥技术、数字证书等。相应地，电子商务法中也应当对这些技术问题进行回应，实现技术规则的法律化。

（4）安全性

电子商务相比传统交易方式更便捷和高效，但限于当前各种技术手段的不成熟和网络“黑客”、木马程序的存在，交易的风险大大增加。因此，电子商务法应从电子商务经营主体的权利与义务角度出发，对网络安全问题进行明确规定，以确保电子商务的安全性。

（5）复杂性

电子商务涉及电子商务平台经营者、电子商务非经营交易主体、电子商务服务经营者以及电子商务监管主体等多方参与。这些参与主体在电子商务活动中扮演着不同的角色，具有各自的权利和义务。参与主体的复杂性使得电子商务法需要更加细致和全面地规范各方主体的行为和责任。

三、电子商务法的调整对象

电子商务法的调整对象是电子商务交易活动中的参与者在参与电子商务活动过程中所形成的各种社会关系，而这类社会关系是在广泛采用新兴信息技术并将这些技术应用到商业领域后才形成的特殊的社会关系，它交叉存在于虚拟社会和实体社会之间，又有别于实体社会中的各种社会关系。

1. 电子商务运作平台建设及其相关法律问题

电子商务网站是电子商务运营的基础平台。在电子商务环境中，交易双方的身份信息、产品信息、合同内容以及资金信息等关键数据都需通过网站进行发布、传递和存储。

当交易通过中介服务商提供的平台进行时，电子商务法必须明确这些中介服务商的法律地位和所应承担的法律责任。同时，电子商务法也需要界定在电子商务平台上设立网站、创建虚拟企业进行交易的主体之间的法律关系，以及电子商务网站与在其平台上购物的消费者之间的法律关系。

此外，电子商务法还需明确规定，当电子商务网站因运营不当、传输信息不真实或无效等原因导致交易损失时，网站所应承担的法律责任以及相对人获得法律救济的途径和方法。

2. 在线交易主体及市场准入问题

在当前的法律体系下，任何长期从事营利性活动的主体都需进行工商登记，以确保其合法经营。然而，在电子商务环境中，由于网络的开放性和匿名性，存在不经登记即可借助计算机网络发布或接收信息，并通过特定程序与他人达成交易的情况。这种虚拟主体的存在对电子商务交易的安全性构成了严重威胁。

因此，电子商务法首要解决的问题是确保网上交易主体的真实性和合法性，同时明确哪些主体有资格进入虚拟市场从事在线业务。

3. 数据电文引起的法律问题

电子商务的显著特征是信息的数字化和网络化。这一特点在企业内部表现为信息和文档的电子化，而在对外交易方面，则体现为联络和记录的电子化，特别是电子合同的广泛应用。

因此，电子商务法需要解决由内部记录和电子合同引发的一系列问题，特别是关于有效电子记录规则、签名有效性、电子合同的订立和履行等方面的问题。

4. 网上电子支付问题

在简易的电子商务形式中，支付通常采用汇款或交货付款方式；然而，典型的电子商务则倾向于通过网络完成支付。网上电子支付是通过信用卡系统以及虚拟银行的电子资金划拨来实现的。实现这一过程涉及多个方面，包括网络银行与网络交易客户之间的协议、网络银行与网站之间的合作协议，以及至关重要的安全保障问题。

因此，有必要制定相应的法律法规，以明确电子支付中各方当事人（包括付款人、收款人和银行）之间的法律关系。这需要确立相关的电子支付制度，并承认电子签名的合法效力。同时，还应出台相应措施，以应对网上电子支付数据中可能出现的伪造、变造、篡改或涂销等问题。

5. 电子商务市场规制问题

电子商务市场规制涵盖了诸多方面，包括在线不正当竞争行为的规范、消费者权益的网络保护、垃圾邮件的法律治理、恶意软件的监管以及网络税收等问题。由于在线市场具有虚拟性和开放性的特点，加之网上购物的便捷性，消费者权益保护问题显得尤为突出。

电子商务法需要寻求在电子商务环境下切实保障消费者人身、财产安全的方法。此外，如何对电子商务进行征税是全球性问题，是税收管理在电子商务领域的延伸，探索电子商务征税的有效方法既是税法的一项重要任务，也是电子商务法需要解决的问题。

6. 网上个人隐私保护问题

计算机和网络技术的迅猛发展极大地方便了人们获取、传递和复制信息，然而，网络的开放性和交互性特点也给个人隐私保护带来了严峻挑战。在进行在线消费，无论是购物还是接受信息服务时，消费者通常需要将个人资料提供给银行和商家。这些个人资料的再利用在网络时代已成为一种普遍现象，但也引发了一系列问题。

如何规范银行和商家对个人资料的利用行为，并有效保护消费者的隐私权，是当前亟待解决的一个新问题。这一问题的核心在于如何切实维护消费者权益，以及建立消费者对电子商务环境的信任。因此，它不仅是消费者权益保护的重要组成部分，也是树立消费者信任的关键环节。

7. 在线交易法律适用和管辖冲突问题

电子商务的本质是商务活动，它虽然在网络这一特殊的虚拟环境中进行交易，但依然受到实体社会商法框架和规则体系的约束。

电子商务法专注于解决在线交易所面临的特殊法律问题，其中涉及现有法律法规如何适应网络环境的问题。鉴于互联网的超地域性特点，法院的管辖范围也需要进行相应调整。因此，网络环境对法律适用和法院管辖产生的影响，成为电子商务法研究中不可或缺的一部分。

做一做

请认真阅读有关电子商务法律的新闻报道和相关书籍，并谈谈自己的学习体会。

四、电子商务法的作用

1. 营造电子商务发展良好法律环境

从电子商务角度看，电子商务法将电子商务行为置于法律的环境之中。电子商务是一种新的经济形式，其涉及的电子数据、电子交易、电子支付、电子认证、现代物流等新的形式和手段需要有新的法律规范，只有在法律上作出明确的规定，电子商务活动才能有法可依。

2. 保障网络交易安全有序

网络交易是电子商务的主要形式和途径。保证网络交易安全有序的方法有多种，主要是技术保障和法律保障。电子商务的安全问题是电子商务发展中的一个重要制约因素。电子商务可能存在的安全隐患容易使人们对电子商务产生怀疑，难以建立交易的信心，从而阻碍电子商务的普及和发展。电子商务法就是在法律方面对电子商务交易起到可靠的保障作用。

3. 促进电子商务长远发展

通过电子商务的立法规范电子商务行为，惩治电子商务欺诈行为，解决电子商务交易争端，创立尽可能安全的法律环境，有利于电子商务参与各方高效率地开展贸易和服务活动，促进电子商务健康、长远的发展。

4. 促进信息技术发展进步

信息技术是电子商务的基础，同时也是电子商务交易的技术支撑。通过电子商务的立法规范信息技术的相关内容，采用科学的技术和法律手段解决信息技术方面出现的新问题，有利于电子商务活动的顺利进行，同时也能够促进信息技术的进步和发展。

学习单元 2　电子商务立法概况

学习目标

● 知识目标

1. 了解国际电子商务立法概况。
2. 熟悉我国电子商务法的立法历程。
3. 掌握我国电子商务法的基本原则。

● 技能目标

1. 能够阐述电子商务立法在世界及我国的发展历史。
2. 能够阐述我国电子商务法的调整范围。
3. 能够结合实例分析我国出台电子商务法的意义。

学习导入

国际电子商务法立法历程

电子商务法的制定是世界各国应对电子商务快速发展的重要举措。自 20 世纪 90 年代起，随着网络、通信和信息技术的日新月异，电子商务开始在全球范围内迅速发展。这一新兴商业模式不仅改变了传统的交易方式，也对法律体系提出了新的挑战。

1996 年 12 月，联合国国际贸易法委员会通过的《电子商务示范法》为全球电子商务法律建构开启了新纪元。该法是世界范围内第一个电子商务的统一法规，旨在向各国提供一套国际公认的电子商务法律范本，以供各国法律部门在制定本国电子商务法律规范时参考，促进使用现代通信和信息存储手段，诸如电子数据互换、电子邮件和传真。虽然它既不是国际条约，也不是国际惯例，仅仅是电子商务的示范法律文本，但对世界各国起到了立法的引领作用和提供了基本方向，成为各国电子商务立法的指南针，为创造良好的电子商务法律环境起到了至关重要的作用，极大地推动了世界电子商务立法的协调发展。

1997 年 11 月，国际商会通过了《国际数字保证商务通则》，试图平衡不同法律体系，为电子商务提供指导性政策，并统一有关术语。

1997 年，世界贸易组织达成《基础电信协议》《信息技术协议》《金融服务协议》三个协议，为电子商务和信息技术稳步、有序的发展奠定了基础。

1998 年 10 月，经济合作与发展组织公布了《全球电子商务行动计划》《有关国际组织和地区性组织的报告：电子商务的活动和计划》《工商界全球商务行动计划》三个重要文件，作为经济合作与发展组织发展电子商务的指导性文件。

2001 年 3 月，联合国国际贸易法委员会电子商务工作组正式通过了《电子签名示范法》，该法是在颁布《电子商务示范法》之后，在国际电子商务立法方面的又一重要成果，为世界各国和地区制定电子签名法提供了范本。

2005 年以来，世界各国电子商务立法掀起新高潮，纷纷行动起来制定适合并促进电子商务发展的法律法规，不断加强电子商务领域法律规范的制度供给。

总的来说，世界各国制定电子商务法的发展历程是一个从无到有、逐步完善的过程。在这个过程中，各国政府和相关国际组织发挥了重要作用，推动了电子商务法的制定和完善，为电子商务行业的健康发展提供了有力保障。

请思考

自 20 世纪 90 年代起，我国对电子商务法的立法活动便给予了高度重视。那么，我国的电子商务立法都经历了哪些阶段?《中华人民共和国电子商务法》(以下简称《电子商务法》) 有哪些原则，调整范围是什么？我国出台《电子商务法》背后又蕴含着哪些深远意义？接下来，我们将一同深入探究本单元的内容，逐步探寻这些问题的答案。

相关知识

一、我国电子商务法立法历程

我国电子商务法的立法历程经历了多个阶段，从提案到最终实施，历时数年。其主要历程见表 1–3。

表 1–3　我国电子商务法立法历程

时间	立法
2000 年 12 月	通过《全国人民代表大会常务委员会关于维护互联网安全的决定》
2004 年 8 月	通过《中华人民共和国电子签名法》，为网上交易发展提供了政策依据和法律保障
2005 年 1 月	发布《国务院办公厅关于加快电子商务发展的若干意见》
2007 年 6 月	国家发展改革委、国务院信息办发布《电子商务发展“十一五”规划》
2010 年 5 月	国家工商行政管理总局发布《网络商品交易及有关服务行为管理暂行办法》
2012 年 3 月	工业和信息化部发布《电子商务“十二五”发展规划》
2012 年 12 月	通过《全国人民代表大会常务委员会关于加强网络信息保护的决定》
2013 年 10 月	发布《十二届全国人大常委会立法规划》，电子商务法被列为第二类立法项目
2013 年 12 月 7 日	全国人大常委会召开《电子商务法》起草组第一次会议，正式启动了《电子商务法》的立法进程
2014 年 11 月	全国人大常委会召开《电子商务法》起草组第二次全体会议，就电子商务法重大问题和立法大纲进行研讨。起草组明确提出，《电子商务法》要以促进发展、规范秩序、维护权益为立法的指导思想
2015 年 6 月	国务院办公厅出台《关于促进跨境电子商务健康快速发展的指导意见》
2018 年 8 月 31 日	第十三届全国人大常委会第五次会议审议通过了《电子商务法》，决定自 2019 年 1 月 1 日起施行
2021 年 8 月 31 日	为加强知识产权保护，规范平台经济秩序，促进电子商务持续健康发展，国家市场监督管理总局起草了《关于修改〈中华人民共和国电子商务法〉的决定（征求意见稿）》，并向社会公开征求意见

做一做

访问中国人大网电子商务法专题首页，进一步了解我国电子商务的立法情况和发展趋势。

二、《电子商务法》的调整范围

由于涉及空间、技术、行业等方面的特殊性，《电子商务法》调整对象的确定具有一定复杂性。

法条链接

第二条 中华人民共和国境内的电子商务活动，适用本法。

本法所称电子商务，是指通过互联网等信息网络销售商品或者提供服务的经营活动。

法律、行政法规对销售商品或者提供服务有规定的，适用其规定。金融类产品和服务，利用信息网络提供新闻信息、音视频节目、出版以及文化产品等内容方面的服务，不适用本法。

——《电子商务法》

1. 行为性质

《电子商务法》调整的是销售商品或提供服务的经营活动，而不是调整非经营活动。经营活动即在商法中所说的以营利为目的经济行为和活动。除了法律规定排除的以外，所有的销售商品或提供服务的经营活动都可以成为《电子商务法》的调整范围，既包括商品或服务本身的交易活动，也包括为商品或服务交易提供平台服务、支付服务、物流服务、推广服务等经营活动。

2. 技术手段

《电子商务法》调整的是通过互联网等信息网络进行的经营活动。一方面，主要调整通过互联网进行的经营活动。而通过电报、传真等传统技术进行的交易，原则上不属于《电子商务法》的调整范围，依照其他法律调整。另一方面，基于技术发展的考虑，并不限于互联网，还包括其他信息技术网络，体现开放性的特点，为未来技术发展留出空间。

3. 空间范围

除了双方都在我国境内的电子商务活动适用《电子商务法》外，我国境内的电子商务经营者为消费者从境外采购商品等电子商务活动，按照《中华人民共和国涉外民事关系法律适用法》的规定，也可以适用《电子商务法》关于消费者保护的相关规定。同时，从事跨境电子商务活动还应当遵守我国进出口监管的法律、行政法规。

4. 排除适用的行业范围

（1）金融类产品和服务

由于金融类产品和服务与其他产品和服务相比具有很强的特殊性，国家对于金融类产品和服务具有专门且比较严格的监督管理制度，不宜适用《电子商务法》，例如，网络股票交易、互联网保险、网贷等。但是，金融服务中的电子支付属于《电子商务法》的调整范围。

（2）利用信息网络提供新闻信息、音视频节目、出版以及文化产品等内容方面的服务

国家对于新闻、影视作品等信息类的管理和合法性审查有专门的制度及监管体制，与商务活动的市场监管并不完全相同。因此，对于此类信息内容方面的问题不适用《电子商务法》。

想一想

结合实际，请思考一下你在生活中是否遇到过需要借助《电子商务法》来解决的问题。

三、《电子商务法》的基本原则

《电子商务法》在总则部分确立了国家管理电子商务活动的基本方针以及当事人从事电子商务活动应遵循的原则性规范。

1. 鼓励创新、营造良好市场环境

一是鼓励新业态、新模式、新技术的发展创新。一方面通过政策鼓励予以促进，另一方面按照审慎监管的理念予以引导。二是加强诚信体系建设，营造有利于电子商

务发展的营商环境。三是确认电子商务在推动高质量发展、满足人民日益增长的美好生活需要、构建开放型经济方面具有重要的作用并予以推进实现。

法条链接

第三条　国家鼓励发展电子商务新业态，创新商业模式，促进电子商务技术研发和推广应用，推进电子商务诚信体系建设，营造有利于电子商务创新发展的市场环境，充分发挥电子商务在推动高质量发展、满足人民日益增长的美好生活需要、构建开放型经济方面的重要作用。

——《电子商务法》

2. 线上线下平等对待、促进融合发展

从法律调整对象的角度看，《电子商务法》主要规范的是通过互联网等信息网络进行的商品销售和服务提供活动。无论是线上的经营活动，还是线下的经营活动，二者必须保持一致、公平对待，不得对线上或线下采取歧视性的政策措施，不得滥用行政权力排除、限制市场竞争。同时，线上线下同步还要有利于在融合中创新。

法条链接

第四条　国家平等对待线上线下商务活动，促进线上线下融合发展，各级人民政府和有关部门不得采取歧视性的政策措施，不得滥用行政权力排除、限制市场竞争。

——《电子商务法》

3. 依法经营公平竞争

电子商务经营者应遵守法律和商业道德，以诚信、公平为原则参与市场竞争，保护消费者权益、环境、知识产权、网络安全以及个人信息，承担质量责任，并接受监督。

法条链接

第五条　电子商务经营者从事经营活动，应当遵循自愿、平等、公平、诚信的原则，遵守法律和商业道德，公平参与市场竞争，履行消费者权益保护、环境保护、知识产权保护、网络安全与个人信息保护等方面的义务，承担产品和服务质量责任，接受政府和社会的监督。

——《电子商务法》

四、我国出台《电子商务法》的意义

1. 完善电子商务法律法规体系

《电子商务法》的出台填补了我国在电子商务领域的法律空白，标志着我国电子商务法律法规体系的进一步完善。该法与其他相关法律法规相互补充、协调，为电子商务的合法性和规范性提供了有力的法律保障。

2. 提升电子商务市场竞争力

《电子商务法》的实施有助于规范电子商务市场秩序，打击不正当竞争和违法行为，营造公平、公正的市场环境。这将激发电子商务市场的活力和创新力，提升我国电子商务在全球市场的竞争力，推动我国经济的高质量发展。

3. 保护消费者合法权益和社会公共利益

《电子商务法》明确规定了消费者的各项权益，并加强了对消费者权益的保护力度。该法要求电子商务经营者遵守诚信原则，履行信息披露义务，保障消费者的知情权和选择权。

同时，该法还关注到社会公共利益的保护，要求电子商务经营者遵守社会公德和商业道德，不得损害国家利益和社会公共利益。这将有助于提升消费者的购物体验和满意度，增强社会对电子商务的信任和认可。

4. 推动数字经济和电子商务产业创新发展

《电子商务法》的出台为数字经济和电子商务产业的创新发展提供了法律支持和保障。该法鼓励新技术、新模式的创新应用，推动电子商务与实体经济深度融合，助力传统产业转型升级。

同时，该法还关注到电子商务在促进就业、创业创新等方面的积极作用，为电子商务行业的持续发展注入了新的动力。这将有助于推动我国数字经济和电子商务产业的快速发展，提升我国在全球数字经济领域的地位和影响力。

拓展阅读

我国电子商务法实施以来面临的新情况、新问题

《电子商务法》实施以来，我国电子商务领域取得了显著的发展，但同时也面临一系列新情况和新问题。

首先，随着技术的不断创新和互联网经济的迅猛发展，新型的网络营销方式如微商、社交电商、直播带货等不断涌现，给传统电子商务模式带来了挑战。这些新型营销方式在带动消费、扩大市场的同时，也暴露出一些问题，如虚假宣传、售假、刷单等，给消费者权益保护和市场秩序维护增加了难度。

其次，电子商务领域的竞争日趋激烈，部分电商平台为了获取市场份额，采取不正当竞争手段，如恶意攻击竞争对手、低价倾销等，破坏了市场竞争的公平性。此外，一些电商平台还存在垄断行为，限制了市场竞争的活力，损害了消费者和其他经营者的利益。

再次，随着跨境电子商务的快速发展，跨境电商平台的监管也面临着新的挑战。由于不同国家和地区的法律法规、消费习惯、支付方式等存在差异，跨境电商平台需要适应不同的市场环境，同时也需要加强对入驻商家的审核和监管，确保商品的质量和安全。

最后，电子商务领域的知识产权保护问题也日益突出。一些不法商家通过网络销售侵权商品，侵犯了知识产权人的合法权益，也给消费者带来了损失。因此，加强电子商务领域的知识产权保护，打击侵权行为，维护市场秩序和消费者权益，成为亟待解决的问题。

综上所述，《电子商务法》实施以来，我国电子商务领域面临着新型营销方式、不正当竞争和垄断行为、跨境电商平台监管、知识产权保护等方面的挑战。为了解决这些问题，需要政府、企业和社会各方面共同努力，加强监管和管理，完善法律法规和标准体系，推动电子商务的健康有序发展。

思考与练习

1. 简要概括电子商务法的定义，并列举其几个关键特点。
2.《电子商务法》的调整范围主要覆盖了哪些电子商务活动领域?
3. 列举并解释《电子商务法》中的几项基本原则。
4. 思考并讨论《电子商务法》对于规范电子商务市场、保护消费者权益以及促进电子商务行业健康发展的重要意义。

模块二 电子商务经营者相关法律规范

学习单元 1　电子商务经营者概述

学习目标

- **知识目标**

  了解电子商务经营者的概念和类型。

- **技能目标**

  能够区分不同类型的电子商务经营者。

学习导入

电子商务经营平台“二选一”行政处罚案

2020 年 12 月，国家市场监督管理总局依据《中华人民共和国反垄断法》（以下简称《反垄断法》）对某公司网络零售平台服务市场滥用市场支配地位行为立案调查。经查，自 2015 年以来，该公司滥用市场支配地位，对平台内商家提出“二选一”要求，禁止平台内商家在其他竞争性平台开店或参加促销活动，并借助市场力量、平台规则和数据、算法等技术手段，采取多种奖惩措施保障“二选一”要求执行，“二选一”行为妨碍了商品服务和资源要素自由流通，影响了平台经济创新发展，侵害了平台内商家的合法权益，损害了消费者利益，构成《反垄断法》禁止的“没有正当理由，限定交易相对人只能与其进行交易”的滥用市场支配地位行为。

根据《反垄断法》的规定，综合考虑该公司违法行为的性质、程度和持续时间等因素，2021 年 4 月 10 日，国家市场监督管理总局依法作出行政处罚决定，责令该公司停止违法行为，并处以其 2019 年中国境内销售额 4% 的罚款，计 182.28 亿元。同时，按照《中华人民共和国行政处罚法》坚持处罚与教育相结合的原则，向该公司发出行政指导书，要求其围绕严格落实平台企业主体责任、加强内控合规管理、维护公平竞争、保护平台内商家和消费者合法权益等方面进行全面整改，并连续 3 年向国家市场监督管理总局提交自查合规报告。

请思考

在电子商务领域，电子商务经营者扮演着至关重要的角色。那么，电子商务经营者究竟是什么？有哪些不同类型呢？如何进行资格认定？接下来，我们将一同深入探讨这些问题，详细了解电子商务经营者的相关知识。

相关知识

一、电子商务经营者的概念

根据我国《电子商务法》的规定，电子商务经营者是指通过互联网等信息网络从事销售商品或者提供服务的经营活动的自然人、法人和非法人组织。

1. 互联网等信息网络是电子商务经营者从事经营行为的媒介

电子商务经营者以数字或者网页等数字化方式表现出来，并通过信息网络从事经营行为。其中，互联网是电子商务经营者从事经营行为的主要媒介，其媒介还包括移动网络和其他信息网络等。

2. 电子商务经营者的经营行为包括销售商品和提供服务

电子商务活动限定于销售商品和提供服务，涉及金融类产品和服务，利用信息网络提供新闻信息、音视频节目、出版以及文化产品等内容方面的服务不适用《电子商务法》的规定。

3. 电子商务经营者包括自然人、法人和非法人组织

电子商务经营者包括了民事主体所有的种类，除法律规定的特别情形外，包括自然人在内的所有民事主体，经过法定程序均可成为电子商务主体。

二、电子商务经营者的类型

根据电子商务经营者的经营方式与内容的不同，将电子商务经营者分为电子商务平台经营者、平台内经营者和通过自建网站、其他网络服务销售商品或者提供服务的电子商务经营者。

1. 电子商务平台经营者

法条链接

第九条　本法所称电子商务平台经营者，是指在电子商务中为交易双方或者多方提供网络经营场所、交易撮合、信息发布等服务，供交易双方或者多方独立开展交易活动的法人或者非法人组织。

——《电子商务法》

电子商务平台经营者具有服务提供者和管理者的双重职能，其既要为入驻平台的平台内经营者提供交易平台服务，又要制定平台内部的管理规范。平台内部的管理规范包括对平台内经营者的身份及与经营有关的其他信息的审查、交易平台进入和退出机制、平台内经营者和消费者之间的矛盾解决、违反平台规则的电子商务主体的追责机制等。

做一做

为了规范在线商家和消费者的交易活动，各大电子商务平台都设立了详尽的平台规则。请选择任一知名电子商务平台，查询其平台规则，具体了解其对交易流程、市场管理的规定，以及针对通用违规行为的明确界定和相应的违规处理措施。

电子商务平台经营者与其他主体不同，他们不仅面临着更高的技术要求，而且需要肩负起平台管理的重任，并承担与之相应的法律责任。相较于经过登记设立的法人和非法人组织，自然人在管理和承担责任方面的能力显得相对薄弱。因此，从事电子商务平台经营的主体只能是法人或者非法人组织，自然人不能成为电子商务平台经营者。

2. 平台内经营者

法条链接

第九条　本法所称平台内经营者，是指通过电子商务平台销售商品或者提供服务的电子商务经营者。

——《电子商务法》

平台内经营者在我国的商业实践中广泛存在，它们以自然人、法人、合伙等多种形式进行经营活动。例如，网店就是在相应平台内进行经营活动的电子商务经营者。这些平台内经营者依赖于第三方交易平台开展电子商务经营活动，因此，他们不仅需要遵守相关法律法规，还必须遵守第三方交易平台制定的相关规则。

3. 通过自建网站、其他网络服务销售商品或者提供服务的电子商务经营者

除电子商务平台经营者和平台内经营者以外，还存在其他类型的电子商务经营者。例如，近年来发展迅速的微商，这些经营者依托移动互联网空间，通过微信等社交软件开展电子商务活动。

小贴士

微商和个人网店有所不同。以微信为例，微信上也有网购平台，若在网购平台上注册网店从事电子商务活动，属于平台内经营者。而有些经营者只是通过微信的聊天功能与订阅号功能销售商品或提供服务，则不属于平台内经营者，而是属于通过自建网站、其他网络服务销售商品或者提供服务的电子商务经营者。

学习单元 2　电子商务经营者的责任和义务

学习目标

● **知识目标**

了解电子商务经营者的各项责任和义务。

● **技能目标**

能够准确识别和解释电子商务经营者在不同情境下的法律责任和义务。

学习导入

网络主播逃税案

某市税务部门经税收大数据分析发现网络主播黄某涉嫌偷逃税款，在相关税务机关协作配合下，依法对其开展了全面深入的税务检查。经查，黄某在 2019 年至 2020 年期间，通过隐匿个人收入、虚构业务转换收入性质进行虚假申报等方式偷逃税款 6.43 亿元，其他少缴税款 0.6 亿元。在税务调查过程中，黄某能够配合并主动补缴税款 5 亿元，同时主动报告税务机关尚未掌握的涉税违法行为。

综合考虑上述情况，该市税务部门依据《中华人民共和国个人所得税法》《中华人民共和国税收征收管理法》《中华人民共和国行政处罚法》等相关法律法规规定，对黄某追缴税款、加收滞纳金并处罚款，共计 13.41 亿元。

请思考

作为未来的电子商务从业者，你如何看待依法纳税的重要性？除了履行纳税义务，电子商务经营者还承担哪些其他的责任和义务呢？接下来，我们将进一步探讨和学习这些内容。

相关知识

一、办理市场主体登记

市场主体是市场上从事交易活动的组织和个人，即商品、服务进入市场的监护人、所有者。市场主体具有自主性、逐利性和能动性等基本特性，要求市场主体进行登记，目的是便于国家行政机关进行管理和监督。

自党的十八大以来，中国市场主体数量大幅增长，从 2012 年年底的 5 494.9 万户激增至 2021 年年底的 1.54 亿户，其中也包括了电子商务经营者。随着电子商务的不断发展，它已从一种特殊的行业逐渐转变为普遍的商业模式。在这个转变过程中，电子商务交易的各方参与者与线下商业模式中的角色日趋一致。因此，对于线上经营者，也应按照对线下经营者的规范和标准来进行管理和监督。

法条链接

第十条　电子商务经营者应当依法办理市场主体登记。但是，个人销售自产农副产品、家庭手工业产品，个人利用自己的技能从事依法无须取得许可的便民劳务活动和零星小额交易活动，以及依照法律、行政法规不需要进行登记的除外。

——《电子商务法》

二、办理税务登记

《电子商务法》遵循线上线下平等对待的原则，要求所有的电子商务经营者，包括市场主体登记豁免在内的主体，均需要依法缴纳税收，同样也和线下主体一样享受税收优惠。

需要注意的是，市场主体登记的豁免并不代表税收的豁免，因为税收以利润作为标准而并非以主体作为标准。也可以理解为，经过登记的市场主体并不一定需要实际纳税，而纳税的也不一定必须进行市场主体登记。

因此，无须办理市场主体登记的电子商务经营者在首次纳税义务发生后，应当及时申请办理税务登记，并如实申报纳税。

法条链接

第十一条　电子商务经营者应当依法履行纳税义务，并依法享受税收优惠。

依照前条规定不需要办理市场主体登记的电子商务经营者在首次纳税义务发生后，应当依照税收征收管理法律、行政法规的规定申请办理税务登记，并如实申报纳税。

——《电子商务法》

我国目前并没有法律规定电子商务经营者可以统一地享有税收优惠，因此，《电子商务法》第十一条所指的“依法享受税收优惠”，是指电子商务经营者依照其所从事的行业或其企业的特殊性质依法享有一定的税收优惠。

三、办理行政许可

行政许可是指行政机关根据公民、法人或者其他组织的申请，经依法审查准予其从事特定活动的行为。《电子商务法》第十二条所说的“依法需要取得相关行政许可的”，是指需要取得行政许可的事项实行法定原则，即只有法律法规明确规定应当取得行政许可的事项，经营者才需要取得许可。

法条链接

第十二条　电子商务经营者从事经营活动，依法需要取得相关行政许可的，应当依法取得行政许可。

——《电子商务法》

四、保障人身、财产安全和环境保护要求

由于电子商务交易具有虚拟性和不确定性，相较于一般交易，其技术、系统等风险更大。因此，电子商务经营者需要采取必要措施来防范这些风险，确保电子商务交易的安全性。

法条链接

第十三条　电子商务经营者销售的商品或者提供的服务应当符合保障人身、财产安全的要求和环境保护要求，不得销售或者提供法律、行政法规禁止交易的商品或者服务。

——《电子商务法》

首先，电子商务经营者在销售商品或提供服务时，必须确保满足消费者人身和财产安全的要求。

其次，电子商务经营者在开展电子商务活动时，必须承担起环境保护的义务，一方面在销售商品和提供服务的过程中注意保护环境，不乱砍滥伐、污染环境；另一方面也要在提供物流服务的过程中，选用更为环保、绿色的包装材料。

最后，电子商务经营者应当严格遵守法律法规，恪守合法交易义务，不得销售或提供法律、行政法规禁止或限制交易的商品或服务。

五、出具发票等购货凭证或服务单据

出具购货凭证或服务单据的作用是证明购买的内容和时间，发生消费纠纷后可以作为证据使用。索要购货凭证或服务单据是消费者的权利，经营者必须按照国家有关规定或者商业惯例主动给予购货凭证或服务单据。

法条链接

第十四条　电子商务经营者销售商品或者提供服务应当依法出具纸质发票或者电子发票等购货凭证或者服务单据。电子发票与纸质发票具有同等法律效力。

——《电子商务法》

电子发票是以数据电文形式代替纸质载体来记载发票内容的发票。电子发票与纸质发票最大的区别在于两者的载体不同，由此可能导致两者在格式、样式的要求上存在细微的差别，但两者的内在属性并无本质区别，具有相同的法律效力。

说一说

网上购物时，你是否会主动索要发票？说一说因为未索要发票而遭遇的维权困境，或者成功利用发票维权的案例。

六、信息公示

随着电子商务的蓬勃发展，为确保市场主体的透明度、加强对电子商务主体的监督，以及维护消费者的合法权益，电子商务经营者必须履行信息公示义务。

法条链接

第十五条　电子商务经营者应当在其首页显著位置，持续公示营业执照信息、与其经营业务有关的行政许可信息、属于依照本法第十条规定的不需要办理市场主体登记情形等信息，或者上述信息的链接标识。

前款规定的信息发生变更的，电子商务经营者应当及时更新公示信息。

第十六条　电子商务经营者自行终止从事电子商务的，应当提前三十日在首页显著位置持续公示有关信息。

——《电子商务法》

1. 公示内容

（1）营业执照信息

营业执照是证明企业法人资格的关键文件，其上载明了法定代表人的姓名、企业的注册资本、经营范围等重要信息。这些信息对于消费者了解经营者的基本情况和信誉至关重要。

（2）与其经营业务相关的行政许可信息

消费者在与经营者进行电子商务活动时，了解经营者是否已获得与其经营业务相关的行政许可，是评估交易风险和可靠性的重要依据。

（3）不需要办理市场主体登记情形等信息

不需要办理市场主体登记等豁免意味着这类电子商务经营者在监管层面与普通电

子商务经营者存在差异。公示这类信息有助于消费者更全面地了解经营者的法律地位和合规情况。

（4）终止从事电子商务信息

当电子商务经营者计划终止服务时，关乎合同相对人和第三人的切身利益。为此，应当提前在显著位置进行公示。

做一做

请你进行一次实践活动，在下次网上购物时，特意查找并阅读商家的公示信息。

2. 公示规则

公示必须符合以下法定要求（见表 2-1）。

表 2-1　公示法定要求

项目	具体内容
首页公示	电子商务经营者必须在网站首页公示营业执照信息以及与其经营业务相关的行政许可信息或相关链接标识。不得将信息置于不易被发现的页面，确保消费者能够在第一时间获取
显著位置公示	营业执照信息和行政许可信息必须被放置在网站首页的显著位置，确保消费者在进入网站主页时能够立即注意到
持续公示	电子商务经营者在整个电子商务活动过程中，都必须持续公示营业执照信息以及与其经营业务相关的行政许可信息或相关链接标识，以便消费者在参与电子商务活动时及时知晓相关信息

案例

网店未公示食品生产许可证信息被处罚

2023 年 9 月 12 日，某市市场监督管理局接到举报，指出在某电商平台上的一家网店没有在其店铺首页显著位置公示食品生产许可证信息。该市市场监督管理局立即展开调查。

经核查，该网店确实持有有效的食品生产许可证，但未按法律规定在网店首页显著位置进行公示。这一行为违反了《电子商务法》中关于电子商务经营者应当在其首页显著位置，持续公示与其经营业务有关的行政许可信息的要求。

根据《电子商务法》的相关规定，该市市场监督管理局对该网店进行了处罚，罚款金额为 1 000 元。

七、消费者知情权保障

法条链接

第十七条　电子商务经营者应当全面、真实、准确、及时地披露商品或者服务信息，保障消费者的知情权和选择权。电子商务经营者不得以虚构交易、编造用户评价等方式进行虚假或者引人误解的商业宣传，欺骗、误导消费者。

——《电子商务法》

1. 经营者的信息披露义务

电子商务经营者的信息披露义务应当是主动义务而非被动义务，其应当主动地在网页上全面、真实、准确、及时地披露商品或服务的信息，而不是在消费者要求其公布的时候才予以公布。

案例

某电商“蟹卡”销售中的价格欺诈与误导宣传

在某区市场监督管理局针对“蟹卡”等时令商品经营行为的专项整治行动中，发现一家电商在网上销售五款“蟹卡”团购套餐时存在不当行为。该电商在套餐中标注了所谓的“原价”，并以画线形式呈现。但经执法人员查证，这些套餐在历史销售记录中从未以所标注的价格出售过。由于该电商无法证明其所标画线价格的合理性，这一行为属于使用欺骗性或误导性的标价手段诱导消费者交易。

在进一步调查中，执法人员还发现该电商在销售的“蟹卡”包装礼盒及宣传册上印有“百年××”字样，以此吸引消费者。然而，在要求提供“百年××”相关证明材料时，该电商无法提供，这表明其利用了引人误解的商品说明方式来误导消费者进行购买。

当事人利用虚假的标价手段，诱导消费者与其进行交易的行为违反了《中华人民共和国价格法》的相关规定。当事人利用引人误解的商品说明方式进行销售，误导消费者购买的行为违反了《侵害消费者权益行为处罚办法》的相关规定。该区市场监督管理局依法责令当事人改正并作出罚款15万元的行政处罚。

2. 消极义务

电子商务经营者有义务避免使用虚构交易、编造用户评价等误导性手段来进行商业宣传，以免欺骗或误导消费者。

（1）虚构交易

虚构交易是指电子商务经营者通过构造虚假的交易项目或虚构交易数量，致使消费者对其商品或服务产生误认的行为。一些电子商务经营者采取虚报交易、自我交易、熟人交易或关联交易等手段虚构交易量，以此吸引消费者。这种行为严重侵害了消费者的知情权，会导致消费者基于错误的交易信息作出消费决策。

案例

电商虚假交易与法律责任

小明在某知名电商平台上购买了一款新上市的智能手机。商品详情页显示该商品销量过万，好评如潮。然而，小明收到货后发现该手机存在诸多问题，如电池续航时间短、屏幕存在明显划痕等。经过一番调查，小明发现该商家存在“刷单”行为，即通过虚假交易来提升销量和好评。

该商家的“刷单”行为已经违反了《电子商务法》的规定，属于违法行为。

对于商家的“刷单”行为，电商平台应当承担相应的监管责任，对涉嫌违法商家进行处理。同时，消费者也可以通过法律途径维护自己的权益。在此案例中，小明完全有权向电商平台提出投诉，或向相关监管部门进行举报，并依法要求商家承担赔偿责任。

（2）编造用户评价

编造用户评价是指电子商务经营者通过不正当手段伪造用户评价，导致评价失去客观性和参考价值。用户评价通常是消费者了解商户服务质量、物流速度、用户满意度等方面的重要信息来源。编造用户评价的行为严重破坏了评价的真实性和客观性，使得消费者难以基于准确的评价信息作出消费决策。

八、不得滥用市场支配地位

法条链接

第二十二条　电子商务经营者因其技术优势、用户数量、对相关行业的控制能力以及其他经营者对该电子商务经营者在交易上的依赖程度等因素而具有市场支配地位的，不得滥用市场支配地位，排除、限制竞争。

——《电子商务法》

市场支配地位，是指经营者在相关市场内具有能够控制商品价格、数量、其他交易条件，或者能够阻碍、影响其他经营者进入相关市场能力的市场地位。就电子商务经营者而言，由于市场基数极大，因此在交易过程中，通过技术优势、用户数量、对相关行业的控制能力以及其他经营者由此产生的依赖，均可能产生滥用市场支配地位的行为，最终导致排除、限制竞争。

市场支配地位是市场竞争的自然结果，法律并不禁止其存在。然而，一旦电子商务经营者滥用其市场支配地位，就可能对市场竞争体系造成破坏，进而扰乱市场平衡。因此，《电子商务法》与《反垄断法》均对滥用市场支配地位的行为施以严格的法律规制。

九、数据信息的保护

法条链接

第二十三条 电子商务经营者收集、使用其用户的个人信息，应当遵守法律、行政法规有关个人信息保护的规定。

第二十四条 电子商务经营者应当明示用户信息查询、更正、删除以及用户注销的方式、程序，不得对用户信息查询、更正、删除以及用户注销设置不合理条件。

电子商务经营者收到用户信息查询或者更正、删除的申请的，应当在核实身份后及时提供查询或者更正、删除用户信息。用户注销的，电子商务经营者应当立即删除该用户的信息；依照法律、行政法规的规定或者双方约定保存的，依照其规定。

第二十五条 有关主管部门依照法律、行政法规的规定要求电子商务经营者提供有关电子商务数据信息的，电子商务经营者应当提供。有关主管部门应当采取必要措施保护电子商务经营者提供的数据信息的安全，并对其中的个人信息、隐私和商业秘密严格保密，不得泄露、出售或者非法向他人提供。

——《电子商务法》

首先，电子商务经营者需遵守个人信息保护规定。其次，明确用户信息查询、更正、删除及注销方式、程序，且不得设置不合理条件，用户注销后应立即删除其信息。最后，需配合有关主管部门提供电子商务数据信息。

需要特别注意的是，电子商务经营者在获取和使用个人信息之前，电子商务经营者必须征得消费者的明确同意，且不得利用不正当手段或程序进行收集。此外，除非特定信息的收集和使用对于交易的完成是必需的，否则电子商务经营者应避免收集和使用此类信息。

案例

某大型出行平台违法收集个人信息案

某国内知名出行平台因涉嫌违法收集个人信息被查。具体违法行为包括：非法获取用户手机相册截图、过度收集剪切板和应用信息、过度采集乘客人脸识别和隐私数据、违规收集乘客评价和位置信息、不当存储司机个人敏感信息，以及未经同意分析乘客出行意图等。

经国家互联网信息办公室查实，该平台公司的行为违反了《中华人民共和国网络安全法》《中华人民共和国数据安全法》和《中华人民共和国个人信息保护法》的相关规定，且违法事实清楚、证据确凿、情节严重、性质恶劣。因此，依据相关法律法规，对该平台处以人民币 80.26 亿元的巨额罚款，并对公司董事长兼 CEO、总裁分别处以人民币 100 万元的罚款。

十、电子商务经营者的其他义务

1. 向消费者提供搜索结果和发送广告时的义务

法条链接

第十八条　电子商务经营者根据消费者的兴趣爱好、消费习惯等特征向其提供商品或者服务的搜索结果的，应当同时向该消费者提供不针对其个人特征的选项，尊重和平等保护消费者合法权益。

电子商务经营者向消费者发送广告的，应当遵守《中华人民共和国广告法》的有关规定。

——《电子商务法》

（1）电子商务经营者向消费者提供搜索结果时应履行的义务

在提供搜索结果时，电子商务经营者应避免利用大数据对消费者进行价格歧视，同时保障消费者的知情权和选择权。

（2）电子商务经营者向消费者发送广告时应履行的义务

电子商务经营者应确保所发送的广告内容真实、合法，不侵犯消费者的合法权益，同时遵守广告发布的相关规定和程序。

2. 搭售时的显著提醒义务

法条链接

第十九条　电子商务经营者搭售商品或者服务，应当以显著方式提请消费者注意，不得将搭售商品或者服务作为默认同意的选项。

——《电子商务法》

电子商务经营者在搭售商品或服务时，虽然属于合法行为，但必须采取显著方式提醒消费者注意。由于网络交易的快速和便捷性，消费者可能会不慎点击默认同意选项。因此，为保护消费者的自主选择权，电子商务经营者除了进行显著提醒外，还应确保搭售商品或服务不成为默认选项，以免消费者在无意识中作出不符合真实意愿的选择。

3. 交付义务与风险承担规则

法条链接

第二十条　电子商务经营者应当按照承诺或者与消费者约定的方式、时限向消费者交付商品或者服务，并承担商品运输中的风险和责任。但是，消费者另行选择快递物流服务提供者的除外。

——《电子商务法》

在电子商务交易中，交付义务是至关重要的，电子商务经营者必须确保按时履行。

关于风险承担，《民法典》规定，标的物毁损、灭失的风险，在标的物交付之前由出卖人承担，交付之后由买受人承担，但是法律另有规定或者当事人另有约定的除外。因此，一般情况下，风险应在交付后转移至买受人。然而，当买受人选择了特定的货运方式时，风险会在货物交付给第一承运人时即发生转移。

4. 押金退还义务

法条链接

第二十一条　电子商务经营者按照约定向消费者收取押金的，应当明示押金退还的方式、程序，不得对押金退还设置不合理条件。消费者申请退还押金，符合押金退还条件的，电子商务经营者应当及时退还。

电子商务经营者必须清晰地向消费者说明退还押金的详细程序，包括申请退还押金的必要条件和具体步骤，还需要明确告知消费者押金将以何种方式退还。此外，不得为押金退还设立任何不合理的条件。当消费者提出退还押金的申请并满足相关条件时，电子商务经营者没有任何裁量权，必须直接退还押金给消费者。

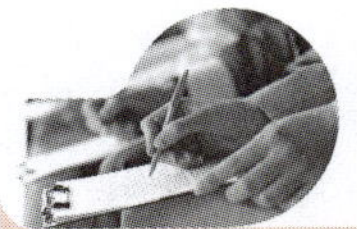

案例

共享电动车公司押金退还违规案

北京某共享电动车公司在其电动车租赁业务中，要求用户先通过其手机应用软件注册并支付 299 元作为押金。该公司在注册页面声明，押金退还通常需要 1 至 7 个工作日。

某市场监督管理局接到 623 次消费者投诉，反映该公司逾期未退还押金。调查发现，消费者提出退款请求后，等待时间均超过 7 个工作日，最长甚至超过 30 个工作日。此外，该公司未就逾期未退还押金的情况向用户作出公开解释，且其客服电话长期无法接通。

该公司的行为违反了《电子商务法》中关于押金退还的规定。该市场监督管理局依法责令该公司立即停止违法行为，并处以 20 万元的罚款。

5. 合法从事跨境电子商务的义务

在跨境电子商务运营过程中，无论是货物与服务的进出口问题，还是税务问题，都必须严格依照相关法律法规进行操作，以确保跨境电子商务活动的合法性与规范性。

法条链接

第二十六条　电子商务经营者从事跨境电子商务，应当遵守进出口监督管理的法律、行政法规和国家有关规定。

——《电子商务法》

学习单元 3　电子商务平台经营者的责任和义务

学习目标

- **知识目标**

了解电子商务平台经营者的各项责任和义务。

- **技能目标**

能够准确识别和解释电子商务平台经营者在不同情境下的法律责任和义务。

学习引入

电子商务平台数据产品侵权案

A公司的数据产品是基于大型平台经营者收集的网络用户浏览、搜索、收藏、加购、交易等行为痕迹所产生的原始数据，经过深度分析与整合处理而形成的。它为购买者提供了具有极高参考价值的可视化预测型、指数型、统计型数据信息，对开展商业活动具有重要意义。

B公司经营“×× 互助平台”。该平台以提供技术手段远程登录并获取A公司数据产品为招揽，组织并帮助他人利用已订购该数据产品服务的用户的子账户来非法获取数据内容，并从中牟取不正当利益。

A公司认为B公司的这种行为严重破坏了市场竞争秩序，构成了不正当竞争，于是向法院提起诉讼，要求B公司立即停止侵权行为，并赔偿经济损失及合理费用共计

500 万元。

法院经审理后作出判决，要求 B 公司立即停止侵权行为，并赔偿 A 公司经济损失 200 万元。

请思考

电子商务平台经营者在电子商务生态中扮演着多重角色，如信息提供者、交易场所提供者、广告发布者以及信息收集者等，这决定了其法律地位的多样性与层次性。那么，电子商务平台经营者在实际运营中应承担哪些具体的责任和义务？接下来，我们将进一步探讨。

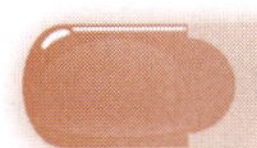

相关知识

一、形式审查

电子商务平台经营者有责任对申请入驻的经营者进行严格的身份和资质核验，包括身份、地址、联系方式及行政许可等真实信息，并建立登记档案，定期核验更新以确保信息准确。同时，为非经营用户提供服务时，也必须履行相应的责任和义务。

法条链接

第二十七条　电子商务平台经营者应当要求申请进入平台销售商品或者提供服务的经营者提交其身份、地址、联系方式、行政许可等真实信息，进行核验、登记，建立登记档案，并定期核验更新。

电子商务平台经营者为进入平台销售商品或者提供服务的非经营用户提供服务，应当遵守本节有关规定。

——《电子商务法》

二、协助监管

1. 向监管部门提供信息

电子商务平台经营者有义务按照规定向市场监督管理部门报送平台内经营者的信息。

2. 为平台内经营者办理工商登记提供便利

在实际操作中，平台内经营者是通过第三方电子商务平台开展电子商务活动的，其进入电子商务市场的途径是通过加入这些第三方平台来实现的。因此，当平台内经营者需要办理工商登记时，电子商务平台经营者同样有义务为其提供必要的便利和支持。

3. 协助平台内经营者合法纳税

由于线上交易具有非接触性和跨地域性的特点，税务机关依靠传统手段难以有效、准确地获取经营者的交易数据，这给税收征管工作带来了困难。作为电子交易的重要场所，电子商务平台具备有效获取平台内经营者交易记录、交易金额等税收相关信息的能力。因此，电子商务平台经营者有义务向税务部门报送平台内经营者的身份信息以及与纳税相关的交易数据，提高税收征管的效率，确保平台内经营者依法履行纳税义务。

法条链接

第二十八条　电子商务平台经营者应当按照规定向市场监督管理部门报送平台内经营者的身份信息，提示未办理市场主体登记的经营者依法办理登记，并配合市场监督管理部门，针对电子商务的特点，为应当办理市场主体登记的经营者办理登记提供便利。

电子商务平台经营者应当依照税收征收管理法律、行政法规的规定，向税务部门报送平台内经营者的身份信息和与纳税有关的信息，并应当提示依照本法第十条规定不需要办理市场主体登记的电子商务经营者依照本法第十一条第二款的规定办理税务登记。

——《电子商务法》

三、保障平台稳定运行与网络安全

法条链接

第三十条　电子商务平台经营者应当采取技术措施和其他必要措施保证其网络安全、稳定运行，防范网络违法犯罪活动，有效应对网络安全事件，保障电子商务交易安全。

电子商务平台经营者应当制定网络安全事件应急预案，发生网络安全事件时，应当立即启动应急预案，采取相应的补救措施，并向有关主管部门报告。

——《电子商务法》

安全是商业交易的前提和保障，维护平台稳定运行和保障网络安全是对电子商务平台经营者的基本要求。电子商务平台经营者应当采取切实有效的措施保障网络安全，确保平台的稳定运行，并防范网络违法犯罪活动。

平台应制定针对网络安全事件的应急预案，一旦发生网络安全事件，应立即启动预案，采取相应的补救措施。还应积极与相关主管部门沟通，及时报告事件情况，并在必要时寻求政府支持和协助。

案例

科技网络公司编造网络谣言牟利，警方依法打击

某科技网络公司为吸引粉丝、获取利益，购买了大量网络平台账号，并利用人工智能软件自动生成和发布虚假视频。该公司编造了“某化工厂发生重大火灾”等 21 条谣言信息，并在网络平台上广泛传播，相关谣言被播放了 161 万余次，造成了严重的社会影响。

公安机关对此案进行了依法调查，该科技网络公司的法定代表人张某某、股东陈某某和员工汤某某均参与了违法行为。面对警方的调查，三人对违法行为供认不讳。公安机关依法对张某某等三人采取了刑事强制措施，扣押了涉案电子设备 21 部，并关停了用于造谣的 300 余个网络账号。

四、交易信息的记录和保存

法条链接

第三十一条　电子商务平台经营者应当记录、保存平台上发布的商品和服务信息、交易信息，并确保信息的完整性、保密性、可用性。商品和服务信息、交易信息保存时间自交易完成之日起不少于三年；法律、行政法规另有规定的，依照其规定。

——《电子商务法》

在电子商务活动中，会产生大量数据信息，包括商品和服务的展示内容、购买过程的具体信息等。这些信息以电子数据形式存在，消费者通常不会即时保存。

《电子商务法》要求平台经营者有效存储这些信息，以确保事后能及时提供。数据的保存需满足完整性、保密性和可用性的要求。

完整性要求数据真实且未被篡改；保密性要求平台采取安全保护机制，防止数据被窃取或泄露；可用性要求数据按通用格式存储，便于需要时调取使用。

五、制定、修改服务协议和规则

法条链接

第三十二条　电子商务平台经营者应当遵循公开、公平、公正的原则，制定平台服务协议和交易规则，明确进入和退出平台、商品和服务质量保障、消费者权益保护、个人信息保护等方面的权利和义务。

第三十四条　电子商务平台经营者修改平台服务协议和交易规则，应当在其首页显著位置公开征求意见，采取合理措施确保有关各方能够及时充分表达意见。修改内容应当至少在实施前七日予以公示。

平台内经营者不接受修改内容，要求退出平台的，电子商务平台经营者不得阻止，并按照修改前的服务协议和交易规则承担相关责任。

第三十五条　电子商务平台经营者不得利用服务协议、交易规则以及技术等手段，对平台内经营者在平台内的交易、交易价格以及与其他经营者的交易等进行不合理限制或者附加不合理条件，或者向平台内经营者收取不合理费用。

——《电子商务法》

由于电子商务平台经营者面对成千上万的平台内经营者开展商务活动，无法一对一或者面对面地协商合作条款，因此只能通过已经制定的服务协议和交易规则，在平台内经营者接受的情况下提供平台服务。

在此过程中，由于平台事先设置了服务协议和交易规则，平台内经营者难以通过协商的途径充分表达自己的意愿，类似于一方提供格式条款而让不特定的另一方接受的过程。这就要求平台经营者对于服务协议和交易规则的制定，应当遵循公开、公平和公正的原则。

六、侵权赔偿

1. 平台经营者的侵权赔偿责任

电子商务平台经营者若未对平台内存在安全风险或侵害消费者权益的行为采取措施，将与平台内经营者承担连带责任。对于涉及消费者生命健康的商品或服务，平台有责任严格审核经营者资质，否则若因未审核或疏忽安全保障导致消费者受损，平台应承担责任。

法条链接

第三十八条 电子商务平台经营者知道或者应当知道平台内经营者销售的商品或者提供的服务不符合保障人身、财产安全的要求，或者有其他侵害消费者合法权益行为，未采取必要措施的，依法与该平台内经营者承担连带责任。

对关系消费者生命健康的商品或者服务，电子商务平台经营者对平台内经营者的资质资格未尽到审核义务，或者对消费者未尽到安全保障义务，造成消费者损害的，依法承担相应的责任。

——《电子商务法》

2. 采取必要措施制止侵权行为

法条链接

第四十二条 知识产权权利人认为其知识产权受到侵害的，有权通知电子商务平台经营者采取删除、屏蔽、断开链接、终止交易和服务等必要措施。通知应当包括构成侵权的初步证据。

电子商务平台经营者接到通知后，应当及时采取必要措施，并将该通知转送平台内经营者；未及时采取必要措施的，对损害的扩大部分与平台内经营者承担连带责任。

因通知错误造成平台内经营者损害的，依法承担民事责任。恶意发出错误通知，造成平台内经营者损失的，加倍承担赔偿责任。

——《电子商务法》

电子商务平台经营者通过平台的运营获得盈利，享受由此带来的利益，因此，也有义务对平台中可能出现的违法行为进行有效管理。这正是权利与义务相统一原则的体现。

电子商务平台经营者在知识产权保护方面承担着义务。这既包括建立和维护一套完善的规则体系，也包括在发现侵权行为时主动采取相应措施。

电子商务平台经营者在接到侵害知识产权举报后，应当主动采取必要措施。必要措施涵盖了删除、屏蔽、断开链接、终止交易和服务等一系列能够阻止进一步侵害的紧急措施。若平台经营者未能采取这些必要措施，将被视为存在过错，进而与侵犯知识产权的平台内经营者共同承担连带责任。

案例

网络问答交流平台未及时删除侵权内容，被判承担连带责任

张先生在某网络问答交流平台上遭受了匿名网友的人身攻击，名誉权受到侵害。他随即要求该平台运营主体某公司迅速删除这些侵权回答。然而，该公司行动迟缓，未能及时删除相关内容，导致侵权言论持续扩散，对张先生造成了更大的伤害。

法院审理此案时明确指出，公民依法享有名誉权，任何形式的侮辱、诽谤等行为都是对公民名誉的损害。在该案中，某公司作为网络问答交流平台的运营者，在明知涉案帖子存在侵害张先生名誉权显著可能性的情况下，却未能及时采取必要措施加以制止。因此，该公司应对损害扩大部分与发布者承担连带责任。

最终，法院判决某公司连续 7 天在其网络问答交流平台上刊登声明向张先生道歉，并赔偿张先生财产损失 1 000 元。

七、其他义务

1. 对违法经营的处置和报告义务

电子商务平台经营者对于平台内存在无许可经营或从事违法违规交易的经营者，有责任采取必要的处置措施，并及时向有关部门报告。

（1）采取制止交易和终止服务等措施

制止交易是指平台对发现存在违规行为的特定交易予以中止。这是一种程度较轻、具有针对性的临时性措施，仅对涉及违规行为的特定交易有效，而不影响该经营者在平台上的其他合法交易。

终止服务则是指平台采取单方面行动，结束与从事违法违规活动的平台内经营者之间的网络信息服务协议。这意味着平台将不再为这些经营者提供交易场所、检索服务等原本协议中约定的服务事项。

（2）向有关部门报告的义务

除了采取上述处置措施外，电子商务平台经营者还有义务将相关情况报告给有关部门。这一举措旨在协助有关部门及时了解情况、进行调查取证。由于平台内经营者的交易信息通常需要通过平台发布，并且其交易记录等信息也会在平台上留下痕迹，同时平台还掌握着经营者的身份信息，因此，这些信息在监管部门和司法部门调查经营者的违法违规行为时具有至关重要的作用。

2. 保护知识产权义务

法条链接

第四十一条　电子商务平台经营者应当建立知识产权保护规则，与知识产权权利人加强合作，依法保护知识产权。

——《电子商务法》

在电子商务领域，侵犯知识产权的行为屡见不鲜，且具有广泛性、普遍性和严重性。电子商务平台经营者作为平台的管理者，拥有保护知识产权的重要责任和能力。对于不遵守规定的平台内经营者，平台经营者有权采取强制手段，如终止交易、下架商品等，以维护平台的正常秩序和知识产权的合法权益。

3. 提供其他服务的要求

法条链接

第四十六条　除本法第九条第二款规定的服务外，电子商务平台经营者可以按照平台服务协议和交易规则，为经营者之间的电子商务提供仓储、物流、支付结算、交收等服务。电子商务平台经营者为经营者之间的电子商务提供服务，应当遵守法律、行政法规和国家有关规定，不得采取集中竞价、做市商等集中交易方式进行交易，不得进行标准化合约交易。

——《电子商务法》

随着电子商务的不断发展，越来越多的平台发展成为集多种服务为一体的超级平台。如淘宝平台在提供购物服务的同时，也提供支付结算服务，而京东平台还直接提供物品的配送服务。这种一体化的趋势，可以更加有效地整合资源，简化购物流程，但同时也可能会构成垄断，导致侵犯其他经营者和消费者合法权益的现象发生。受到限制的交易行为包括三个方面，见表 2–2。

表 2–2　受到限制的交易行为

交易行为	描述	存在问题
集中竞价	电子商务平台根据某种商品或服务的最优价格，直接推送给消费者购买消费	剥夺消费者知情权和选择权
做市商	电子商务平台经营者在多方提供商品或服务的前提下，集中进行采购，在获取之后再统一向消费者提供	丧失平台经营者中立性，影响经营者和消费者的选择权
标准化合约交易	电子商务平台颁布商品或服务的统一标准，只有符合标准的商品或服务才可以在平台上提供	限制竞争和侵犯他人权利

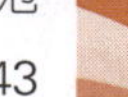

思考与练习

1. 简述电子商务经营者的定义，并列举电子商务经营者的类型。
2. 电子商务经营者在运营过程中需要承担哪些责任和义务?
3. 当电子商务平台上出现销售假冒伪劣商品的侵权行为时，商家和电子商务平台在法律层面上各自应该承担哪些具体的法律责任?
4. 作为电子商务平台经营者，应如何全方位、有效地行使其对平台内经营者的管理和监督职责?

模块三
电子签名与电子认证

学习单元 1 数据电文与电子签名概述

学习目标

● 知识目标

1. 了解数据电文的概念和特征。
2. 了解电子签名的概念和特征。

● 技能目标

1. 能够在电子商务经营中准确识别数据电文、电子签名。
2. 能够通过深入理解数据电文与电子签名的原理，提升电子商务活动的效率和便利性。

学习导入

杨某与某公司责任保险合同纠纷

杨某因对山东省某中级人民法院就其与某公司责任保险合同纠纷所作的民事判决不服，遂向山东省高级人民法院提出再审申请。杨某主张，某公司提交的相关文件，如投保人声明等，均为复印件且未附有其手印，签名真实性存疑。

山东省高级人民法院经审理认为，杨某主张某公司未尽到提示义务不能成立。关于某公司提交的投保单、投保人声明、车险“投保人缴费实名认证”客户授权书 3 份文件中杨某电子签名显示同一时间的问题，根据电子投保流程和习惯，需要逐步点击

提示，方能进行下一步操作，该3份文件系在最后页面统一进行电子签名确认，并在3份文件中分别显示，而并非分别签署。杨某依据电子签名时间相同主张上述3份文件系某公司将杨某电子签名的图片自行粘贴制作，没有事实和法律依据。因此，山东省高级人民法院裁定驳回了杨某的再审申请。

请思考

在日常生活中，你是否遇到过需要使用数据电文和电子签名的场景？你认为数据电文和电子签名在电子商务中有哪些重要作用？如何确保电子签名的安全性和有效性？应该如何更好地利用数据电文和电子签名来维护自己的权益？接下来，我们将一同深入学习本单元的内容，逐步探寻这些问题的答案。

相关知识

一、数据电文概述

随着信息技术的发展，电子商务在全球范围内蓬勃兴起。作为电子商务交易的核心要素，数据电文的概念逐渐为人们所熟知。

数据电文是指以电子、光学、磁或者类似手段生成、发送、接收或者储存的信息，这些手段包括但不限于电子数据交换、电子邮件、电报、电传或传真。

二、电子签名概述

1. 电子签名的含义

电子签名是指数据电文中以电子形式所包含、所附的，用于识别签名人身份，并表明签名人认可其中内容的数据。

2. 电子签名的特征

（1）虚拟性

电子签名是以电子形式呈现的数据，相较于传统签名的实体形态，它具有虚拟、无形的特点。必须借助相关技术的转换和显示，人眼方能观察到电子签名的存在。

（2）可识别性

电子签名与传统签名同样具备识别签名人身份的功能。签署电子签名即表明签名人对与电子签名相关联的数据电文内容予以确认和认可。

（3）即时性

电子签名的传输和识别过程几乎不受物理空间的限制。在网络通畅的条件下，签名人可以迅速将电子签名发送给远方的接收方，并确保接收方能够及时、准确地识别出签名信息。

案例

刘某与某公司服务合同纠纷

刘某因对辽宁省某中级人民法院就其与某公司服务合同纠纷所作的民事判决不服，遂向辽宁省高级人民法院提出再审申请。刘某主张，某公司诱导其在手机上签名，但未对合同内容进行充分告知，更未对关键条款进行提醒，因此该电子签名不应具备法律效力。

经过审查，刘某在原审中已承认相关合同上的签名为其本人所为。某公司为证明合同的真实性，提供了电子签名验证报告。作为具备完全民事行为能力的成年人，刘某应当理解签署文件意味着对合同内容的确认和接受。同时，某公司在合同中详细列明了收费项目及标准，并在手机应用软件相关页面特别展示了付款金额确认书，刘某亦在该确认书上签名。基于以上事实，法院认定某公司已尽到提示义务，刘某的再审请求缺乏法律依据，故不予支持。

本案表明，在电子商务和保险业务中，电子签名已逐渐成为一种普遍且具备法律效力的签名方式。作为消费者，在签署电子合同时应认真阅读合同条款，确保自己的权益不受损害。同时，企业也应遵循诚信原则，充分履行提示义务，保障消费者的知情权和选择权。

三、电子签名、数据电文的适用范围

《中华人民共和国电子签名法》（以下简称《电子签名法》）第三条规定，民事活动中的合同或者其他文件、单证等文书，当事人可以约定使用或者不使用电子签名、数据电文。当事人约定使用电子签名、数据电文的文书，不得仅因为其采用电子签名、数据电文的形式而否定其法律效力。前款规定不适用下列文书。

（1）涉及婚姻、收养、继承等人身关系的。

（2）涉及停止供水、供热、供气等公用事业服务的。

（3）法律、行政法规规定的不适用电子文书的其他情形。

在以上这些情况下，必须采用传统的纸质文件和手写签名或盖章的方式。这是为了确保法律文件的正式性和严肃性，以及保障各方当事人的合法权益。

案例

房屋买卖纠纷

吴某因房屋买卖问题与郑某、王某及第三人罗某产生纠纷，不服基层人民法院判决，上诉至福建省某中级人民法院。吴某上诉的主要理由之一是，一审法院仅凭证人涂某的微信聊天记录就认定她授权罗某处理房屋买卖事宜，这与《电子签名法》的相关规定不符。她认为，涉及房屋等不动产权益转让的文书不能使用电子签名来确认其效力。

根据 2019 年 4 月 23 日修正后的《电子签名法》第三条，涉及土地、房屋等不动产权益转让的民事合同已不再被排除在电子签名、数据电文的使用范围之外。因此，本案应适用修正后的法律来审查涉案的不动产买卖合同的效力。法院最终认定，罗某在接受吴某的委托后与其他各方签订的不动产买卖合同是真实有效的，反映了各方当事人的真实意愿。

学习单元 2　数据电文与电子签名的法律效力

学习目标

知识目标

1. 了解数据电文与电子签名的法律效力范围。
2. 了解伪造、冒用、盗用他人的电子签名的法律责任。
3. 掌握数据电文的原件形式、保存要求。

技能目标

1. 能够在电子商务活动中熟练运用数据电文与电子签名。
2. 能够运用所学知识应对伪造、冒用、盗用他人电子签名的行为。

学习导入

纸质文件加盖公章后扫描形成的电子文档是否属于电子签章？

在某公司与某贸易公司的再审案件中，涉及通过电子邮箱接收的煤炭供需合同和指示交货的声明两份文件。这两份文件上均加盖了某公司上海分公司的公章。

最高人民法院在审理此案时明确指出，电子签章作为电子签名的一种具体表现方式，不仅通过图像处理技术模拟了纸质文件的盖章效果，还采用了电子签名技术来确保电子信息的真实性、完整性以及签名人身份的不可否认性。然而，在本案中，通过电子邮箱发送的煤炭供需合同和指示交货的声明均是由纸质文件加盖公章后扫描形成的电子文档。在这种情况下，某公司上海分公司的签章并未采用上述的电子签章技术。

因此，最高人民法院认为，涉案的煤炭供需合同和指示交货的声明不足以充分证明某公司上海分公司的真实意图。基于此，法院驳回了某贸易公司的诉讼请求。这也进一步明确了，纸质文件加盖公章后扫描形成的电子文档不等同于有效的电子签章。

请思考

在数字化时代，为什么我们需要对数据电文和电子签名的法律效力进行明确规定？什么样的签章属于合法、有效的电子签章？伪造、冒用、盗用他人的电子签名有什么责任？接下来，我们将一同深入学习本单元的内容，逐步探寻这些问题的答案。

相关知识

一、数据电文与电子签名的法律效力范围

《电子签名法》对数据电文与电子签名的法律效力进行了明确规定：不得仅因为其采用电子签名、数据电文的形式而否定其法律效力。换言之，只要满足一定条件，可靠的电子签名与手写签名或盖章具备同等的法律效力。

法条链接

第十三条　电子签名同时符合下列条件的，视为可靠的电子签名：

（一）电子签名制作数据用于电子签名时，属于电子签名人专有；

（二）签署时电子签名制作数据仅由电子签名人控制；

（三）签署后对电子签名的任何改动能够被发现；

（四）签署后对数据电文内容和形式的任何改动能够被发现。

当事人也可以选择使用符合其约定的可靠条件的电子签名。

——《电子签名法》

案例

电子签名的法律效力

甲方（贷款人）某银行与乙方（借款人）赵某通过线上方式签订了一份个人借款合同。后来，因合同履行产生纠纷，赵某提起上诉，主张该借款合同没有其签字，因此合同未成立。

在民事活动中，当事人可以约定是否使用电子签名或数据电文形式来签署合同或其他文件。只要当事人约定使用电子签名或数据电文，其法律效力不应仅因采用此种形式而被否定。本案中，双方通过手机应用软件申请贷款并以电子签名的方式订立了个人借款合同。整个合同订立过程合法且有效。因此，赵某主张因未在合同上签字而导致合同不成立的上诉理由，缺乏法律依据，法院不予采纳。

二、数据电文的法律效力

1. 数据电文的书面形式

若数据电文能够有形地展现所载内容，并且可以随时被调取和查阅，那么它就被视为满足了法律法规对书面形式的要求。

2. 数据电文的原件形式

当数据电文满足以下两个条件时，被视为符合法律法规对原件形式的规定。

（1）能够有效地表现所载内容并可供随时调取查用。

（2）能够可靠地保证自最终形成时起，内容保持完整、未被更改。但是，在数据电文上增加背书以及数据交换、储存和显示过程中发生的形式变化不影响数据电文的完整性。

3. 数据电文的保存要求

数据电文若要达到法律法规对文件保存的要求，必须满足以下条件。

（1）能够有效地表现所载内容并可供随时调取查用。

（2）数据电文的格式与其生成、发送或者接收时的格式相同，或者格式不相同但是能够准确表现原来生成、发送或者接收的内容。

（3）能够识别数据电文的发件人、收件人以及发送、接收的时间。

4. 数据电文的发送与接收认定

在开放式的网络环境中，由于多数场合并不强制实行实名制，加之即便有实名制也可能存在身份冒用的情况，因此，对数据电文的发送与接收进行准确认定就显得尤为重要。

（1）数据电文的发送认定

当出现以下情形时，数据电文可被视为已由发件人发送：①经发件人授权发送的；②发件人的信息系统自动发送的；③收件人按照发件人认可的方法对数据电文进行验证后结果相符的。当事人还可以自行约定数据电文“视为已发送”的标准。

（2）数据电文的接收确认

根据法律、行政法规规定或者当事人约定，如果数据电文需要确认收讫的，应当确认收讫。当发件人收到收件人的收讫确认时，该数据电文即被视为已经收到。

（3）数据电文的发送时间和接收时间

关于数据电文的发送时间和接收时间，有以下明确规定：①数据电文进入发件人控制之外的某个信息系统的时间，被视为该数据电文的发送时间。②如果收件人指定特定系统接收数据电文的，数据电文进入该特定系统的时间，被视为该数据电文的接收时间；若未指定特定系统的，数据电文进入收件人的任何系统的首次时间，被视为该数据电文的接收时间。③当事人也可以自行约定数据电文的发送时间和接收时间。

做一做

查阅相关资料，简述数据电文概念的产生及其历史沿革，以及数据电文在现代电子商务中的重要性。

三、电子签名的法律效力及法律责任

1. 可靠的电子签名的法定条件

电子签名同时符合下列条件的，视为可靠的电子签名。

（1）电子签名制作数据用于电子签名时，属于电子签名人专有。

（2）签署时电子签名制作数据仅由电子签名人控制。

（3）签署后对电子签名的任何改动能够被发现。

（4）签署后对数据电文内容和形式的任何改动能够被发现。

当事人也可以选择使用符合其约定的可靠条件的电子签名。

案例

电子投保电子签名的法律效力

冯某因与被申请人某公司财产保险合同纠纷一案，不服山东省 ×× 市中级人民法院民事判决，向山东省高级人民法院申请再审。冯某认为原审法院以某公司提交的一份冯某有异议的电子投保流程打印件为依据，认定某公司已经尽到了提示和明确说明义务，判决驳回冯某的诉讼请求，认定事实不清，证据不足。

山东省高级人民法院审查了某公司提交的投保流程截图、冯某投保时的照片等证据。根据电子投保流程，投保人在填写车辆信息、选择投保项目后，必须点击阅读相关投保声明、特别约定和免责事项说明书等材料，并需要手动勾选确认已阅读相关条款。在电子投保单生成后，还需要进行人脸识别，并再次阅读相关材料并手动勾选确认，最后进行电子签名和微信实名认证。这一系列步骤构成了完整的投保流程，确保了投保人的知情权和同意权。因此，原审法院采信这些证据是正确的，此案中电子签名的法律效力再次得到了法院的认可。

本案展示了电子投保流程中电子签名的法律效力。在电子商务和数字化交易中，电子签名作为确认交易双方意愿的重要手段，其法律效力得到了广泛认可。同时，本案也提醒我们在进行电子交易时要仔细阅读相关条款和说明，确保自己的权益得到保障。

2. 电子签名人的法律义务

电子签名人的法律义务主要包括以下两个方面。

（1）电子签名人应当妥善保管电子签名制作数据。

（2）电子签名人知悉电子签名制作数据已经失密或者可能已经失密时，应当及时告知有关各方，并终止使用该电子签名制作数据。

3. 电子签名人的法律责任

责任与义务相辅相成。若电子签名人未能履行其法律义务，则必须承担相应的法律责任。

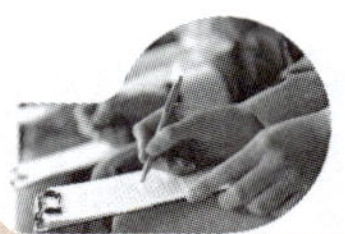

法条链接

第二十七条　电子签名人知悉电子签名制作数据已经失密或者可能已经失密未及时告知有关各方、并终止使用电子签名制作数据，未向电子认证服务提供者提供真实、完整和准确的信息，或者有其他过错，给电子签名依赖方、电子认证服务提供者造成损失的，承担赔偿责任。

——《电子签名法》

4. 伪造、冒用、盗用他人的电子签名的法律责任

电子签名与手写签名一样，都具有不可伪造和冒用的特性。法律规定明确指出，对于任何伪造、冒用或盗用他人电子签名的行为，若该行为构成犯罪，将依照法律追究其刑事责任。此外，若此类行为给他人带来损失，行为人还需依法承担相应的民事责任。

法条链接

第三十二条 伪造、冒用、盗用他人的电子签名，构成犯罪的，依法追究刑事责任；给他人造成损失的，依法承担民事责任。

——《电子签名法》

学习单元 3 电子认证法律法规

学习目标

- **知识目标**

1. 熟悉电子认证相关概念及其规范。
2. 了解电子认证服务机构的职能。
3. 掌握电子签名认证证书的法定要件。

- **技能目标**

能够自主辨别合格的电子签名认证证书。

学习导入

电子签名验证报告的法律效力

在广东省某市中级人民法院审理的一起保证保险合同纠纷案件中，上诉人陈某对电子投保单上的电子签名真实性提出了质疑。他认为，电子签名的真实性是确定保证保险合同是否成立的关键。被上诉人某公司则主张该电子签名由陈某签署，并提交了由具有电子认证服务资质的北京数字认证公司出具的电子签名验证报告作为证据。

法院经审理认为，北京数字认证公司作为持有工业和信息化部颁发的电子认证服务许可证的机构，其出具的电子签名验证报告具有法律效力。该报告内容明确，指向

清晰，表明涉案电子合同在签字签名固化后未发生篡改，因此法院对某公司提交的电子签名验证报告真实性予以采纳。

同时，根据《电子签名法》的规定，可靠的电子签名与手写签名具有同等的法律效力。本案中，陈某在某公司手机应用软件上提供了个人身份信息及银行账户信息等隐私信息，并通过了身份核验等实名验证步骤。无论是陈某本人还是委托他人代为实施签名行为，陈某对签署时电子签名制作数据均拥有实质上的控制权。因此，结合其他相关证据并综合案情后，法院认为陈某的电子签名是可靠的，并具有与手写签名同等的法律效力。最终，法院判令驳回上诉人陈某的上诉，维持原判。

请思考

在上述案例中，我们看到了电子签名认证是证实具体电子签名为可靠的电子签名的有力手段。那么，电子认证是什么？电子认证服务机构有哪些职能？电子签名应当如何被认证？让我们带着问题共同学习接下来的单元。

相关知识

一、电子认证概述

电子签名在电子商务活动中被越来越频繁的使用，但如何保证电子签名的真实、可靠却是电子签名技术本身无法解决的问题。因此，需要一个具有权威性的第三方机构来负责电子签名的辨别、认证等工作，以防电子签名的发件人抵赖或者电子签名被他人盗取或被解密等风险的发生。

1. 电子认证的概念

电子认证是一种采用电子技术检验用户合法性的操作。近年来，电子认证服务在政务、金融、商贸、医疗等多个领域得到了广泛应用。所谓电子认证服务，即为电子签名的相关各方提供真实性、可靠性的验证活动，确保电子交易的安全与合法。

2. 电子认证的作用

作为一种重要的服务，电子认证主要承担着防止否认和防止欺诈两大作用。

（1）防止否认

防止否认旨在避免交易双方之间可能出现的反悔、抵赖行为，从而有效预防电子商务活动中的纠纷产生。

（2）防止欺诈

防止欺诈则是为了防止交易双方之外的第三人破解、盗用电子签名，保障交易双方的合法权益。

3. 电子认证的程序

电子认证的一般操作程序如下。

（1）在制作电子签名之前，签署者需要将其公共密钥提交给一个经过合法注册、具备从事电子认证服务资质的机构进行登记。

（2）该机构会对提交的公共密钥进行验证，并签发相应的电子签名认证证书等相关文件。

（3）发件人将包含电子签名的文件与电子签名认证证书一同发送给收件人。

（4）收件人在收到这些文件后，结合电子签名及电子签名的认证证书进行验证，即可确认电子签名文件的真实性。

做一做

请访问取得国家认证资格的电子认证服务提供者的官方网站，仔细阅读官方网站上的操作指南和注意事项，并描述电子认证证书的申请操作流程。

4. 电子认证的分类

电子认证主要分为事先认证和事后认证两种类型。

（1）事先认证

事先认证是指申请人在加入某个系统成为会员前，该系统会对其进行严格的审查，包括资产状况、商誉评估以及其他履约能力的全面核查。只有当申请人满足所有条件并审查合格后，系统才会为其发放密钥及其他专属资料。这一过程不仅是对会员身份的确认，更是系统对会员信誉和能力的认可和担保。事先认证的核心在于通过认证主体的资格来确保电子签名的可信度和有效性。

（2）事后认证

事后认证是指在具体的交易过程中，当事人在电子合同上完成电子签名后，将其公共密钥提交给认证服务机构进行验证。认证服务机构在核实无误后，会对该电子签名进行登记，并颁发电子签名认证证书。这种认证方式更侧重于对具体电子签名真实性和合法性的确认，为交易双方提供安全保障。

二、电子认证服务机构

1. 电子认证服务机构的设立

根据法律规定，拟从事电子认证服务者，必须向国务院信息产业主管部门提出申请，并提交所需材料。国务院信息产业主管部门接到申请后，会依法进行初步审查，并会商国务院商务主管部门等相关部门，在受理申请后的45日内，决定是否授予许可。

一旦电子认证服务提供者获得认证资格，必须遵守国务院信息产业主管部门的规范，公开其名称、许可证号等核心信息，以便公众能够方便地核实其认证状态。

法条链接

第十八条　从事电子认证服务，应当向国务院信息产业主管部门提出申请，并提交符合本法第十七条规定条件的相关材料。国务院信息产业主管部门接到申请后经依法审查，征求国务院商务主管部门等有关部门的意见后，自接到申请之日起四十五日内作出许可或者不予许可的决定。予以许可的，颁发电子认证许可证书；不予许可的，应当书面通知申请人并告知理由。

取得认证资格的电子认证服务提供者，应当按照国务院信息产业主管部门的规定在互联网上公布其名称、许可证号等信息。

——《电子签名法》

在申请设立电子认证服务机构时，应提交以下具体证明材料。

（1）企业法人资格证明。

（2）与提供电子认证服务相匹配的专业技术人员和管理人员的资质证明。

（3）证明具备与电子认证服务相适应的资金和经营场所的相关文件。

（4）技术和设备符合国家安全标准的认证材料。

（5）国家密码管理机构出具的同意使用密码的官方证明文件。

（6）法律、行政法规所规定的其他必需条件的相关证明材料。

2. 电子认证服务机构的管理

工业和信息化部依法对电子认证服务机构和电子认证服务实施监督管理。

3. 电子认证服务机构的职能

电子认证服务提供者有责任制定并公布符合国家相关规定的电子认证业务规则，

同时需要向国务院信息产业主管部门进行备案。这些业务规则应涵盖责任范围、详细的作业操作规范以及信息安全保障措施等核心内容。

电子认证服务机构包括以下具体职能。

（1）制作、签发及管理电子签名认证证书。

（2）对签发的电子签名认证证书进行真实性确认。

（3）提供电子签名认证证书目录信息查询服务。

（4）提供电子签名认证证书状态信息查询服务。

三、电子签名认证证书

1. 电子签名认证证书的概念

电子签名认证证书是指可证实电子签名人与电子签名制作数据之间关联性的数据电文或者其他电子记录。

2. 电子签名认证证书的申请

在受理电子签名认证证书申请之前，电子认证服务机构有责任向申请人明确告知以下关键事项。

（1）电子签名认证证书及电子签名的具体使用条件。

（2）所提供服务的收费明细及标准。

（3）关于保存和使用证书持有人信息的权限划分与相应责任。

（4）电子认证服务机构所承担的责任范围。

（5）证书持有人应当遵守的责任范围。

（6）其他任何需要申请人提前知晓的重要事项。

当电子签名人向电子认证服务提供者提交电子签名认证证书申请时，必须确保所提供的信息真实、完整且准确无误。一旦收到申请，电子认证服务提供者应立即对申请人的身份进行核实，并对所提交的相关材料进行严格的审查。

在电子认证服务机构接受电子签名认证申请后，双方应签订正式合同，以明确各自的权利和义务。

3. 电子签名认证证书的法定要件

电子认证服务提供者所签发的电子签名认证证书必须确保准确无误。一份标准的电子签名认证证书应当包含以下内容。

（1）电子认证服务提供者名称。

（2）证书持有人名称。

（3）证书序列号。

（4）证书有效期。

（5）证书持有人的电子签名验证数据。

（6）电子认证服务提供者的电子签名。

（7）国务院信息产业主管部门所规定的其他内容。

思考与练习

1. 简述电子认证服务机构的具体职能，及其在保障电子商务安全方面起到了哪些作用？请结合实例进行说明。
2. 简述可靠的电子签名需要满足的法定条件，以及这些条件如何确保电子签名的合法性、有效性和不可否认性，请提供相关的法律依据。

模块四
电子商务合同

学习单元 1　电子商务合同概述及其法律适用

学习目标

- **知识目标**

1. 掌握电子商务合同的概念和特征。
2. 了解电子商务合同的法律适用。

- **技能目标**

1. 能够准确识别电子商务合同的形式。
2. 能够描述电子商务合同在电子商务活动中的价值。

学习导入

电子租赁合同纠纷

2022 年 3 月，张某通过某线上平台与甲公司签订了一份《租赁服务协议》，目的是租赁一部全新的某品牌手机。双方约定租期为 12 个月，每月租金 499.92 元。若张某违约未按时支付租金，甲公司有权将租赁关系转为买卖关系，并要求张某支付全额买断款。张某在支付 5 期租金及 2 000 元押金后停止付款，甲公司多次沟通无果后，选择向法院提起诉讼。

本案的争议焦点在于《租赁服务协议》的法律效力及张某是否应支付买断款。

法院经审理后认为，甲公司与张某通过电子方式签订的《租赁服务协议》是双方真实意思表示，且内容不违反法律规定，因此该电子合同具有与传统书面合同同等的法律效力。张某未能按照协议约定支付租金，构成违约。据此，甲公司有权根据协议条款要求张某支付全额买断款购买手机。

请思考

上述案例凸显了电子商务合同在现代交易中的重要性及其与传统书面合同等效的法律地位。那么，电子商务合同相较于传统书面合同有哪些异同点？二者在法律效力上是否存在差异？我们又应如何准确理解和妥善应用电子商务合同呢？接下来，让我们带着这些问题，一同深入学习本单元的内容。

相关知识

一、电子商务合同概述

1. 电子商务合同的概念

电子商务合同是双方或多方当事人之间通过电子信息网络以电子数据交换的形式达成的设立、变更、终止财产性民事权利义务关系的协议。该类合同与传统纸质合同具有同等的法律效力，对签约方具有法律约束力。违反合同义务将承担与传统纸质合同相同的法律后果。

案例

在线签署电子合同

车主在购买车辆保险时，可以通过保险公司的手机应用软件或小程序进行操作，并通过微信、QQ、电子邮件等方式与保险销售员进行沟通，确定购买的险种和价款。在支付价款之前，车主需要在线签署电子合同以完成保险购买过程。这就是一个典型的电子商务合同签署过程。

2. 电子商务合同的特征

与传统书面合同相比，电子商务合同并不是简单地将书面形式的合同电子化，而

是合同书面形式的全新形式，具有订立方式的电子化、合同交易主体的虚拟性、电子合同的技术化、标准化等特点。

电子商务合同与传统书面合同的特征对比见表 4-1。

表 4-1　电子商务合同与传统书面合同的特征对比

项目	电子商务合同	传统书面合同
订立方式	电子化，通过互联网或专用电子平台进行。利用电子数据交换技术实现合同信息的实时传输和处理	面对面或书面方式，通过纸张、笔、印章等物理媒介完成合同的起草、签署和传递
合同传递方式	通过互联网的用户终端之间快速传递，实时性高，传输速度快	通常需要邮寄、快递或其他物理传输方式，传输时间较长，可能存在延误
签名方式	电子签名，如数字签名或公钥基础设施技术，确保签名者的身份和信息的完整性	手写签名、盖章或公证机构认证，需要物理接触和验证过程
变更与解除	无须传统书面形式，通过电子通知或在线协议即可完成合同的变更或解除	通常需要书面形式的修改协议或解除通知，并可能需要双方签字确认
交易主体	具有广泛性和虚拟性，可以跨越地域限制，涉及全球范围内的自然人、法人或其他组织	具有地域性和实体性，通常受限于特定地区的法律管辖和实体存在
合同储存	合同内容可以储存在计算机硬盘、云存储或其他非纸张中介物上，便于备份、检索和管理	合同通常以纸质形式储存，需要物理空间进行存放，管理成本较高
认证方式	密码辨认、数字证书、生物识别等多种认证方式，确保交易主体的身份真实性和交易安全性	传统身份验证方式，如身份证、护照、公司营业执照等
法律适用	涉及跨国交易时，法律适用和管辖权问题可能更加复杂，需要考虑不同国家的法律规定和司法管辖	主要适用当地法律，法律适用和管辖权相对明确
纠纷解决	可能涉及在线争议解决机制，如在线仲裁或调解，以解决电子商务合同中的纠纷	通常通过传统法律途径解决纠纷，如诉讼或仲裁

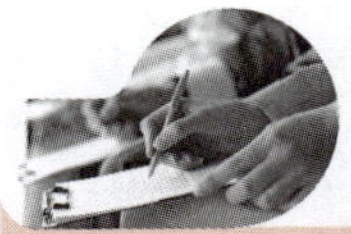

想一想

回想自己或身边家人、朋友在网购时，有没有签署过电子合同？具体是如何操作的？

3. 电子商务合同的形式

合同主要分为口头形式和书面形式两大类。口头形式是指当事人直接通过口头语言达成合同协议，无须文字记录。书面形式是指以文字表现当事人所订立合同的形式。

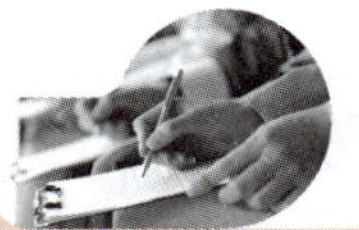

法条链接

第四百六十九条　当事人订立合同，可以采用书面形式、口头形式或者其他形式。

书面形式是合同书、信件、电报、电传、传真等可以有形地表现所载内容的形式。

以电子数据交换、电子邮件等方式能够有形地表现所载内容，并可以随时调取查用的数据电文，视为书面形式。

——《中华人民共和国民法典》

由《中华人民共和国民法典》(以下简称《民法典》)第四百六十九条可见，电子合同作为合同的一种特殊形式，除了具备一般合同的要素外，其核心特征在于以数据电文为载体。只要该数据电文能够清晰展现合同内容并随时供查阅使用，即可视为合同的书面形式。因此，在常规情况下，电子商务合同被视为书面合同的一种。

案例

电子商务合同实践

随着互联网的快速发展，电子商务平台如抖音已成为许多人购物的首选之地。在这个平台上，卖家可以展示商品，而买家可以浏览并购买心仪的商品。

小鹏是抖音平台上的一位卖家，他在抖音上经营着自己的小店。一天，小坤在浏览抖音时，无意间进入了“×× 官方账号”的直播间。在这里，他看到了小鹏正在展示 A 品牌手机，并被其优惠的价格所吸引。

小坤决定购买这款手机。他点击了购物车图标，跳转到了小鹏的“抖音小店”。在这里，他看到了商品的详细信息，包括实物图片、产品性能和价格等。小坤下单并在线支付了价款。

完成支付后，小坤可以随时查看自己的订单信息。而小鹏则负责按照交易订单发货，并提供售后服务。整个交易过程中，抖音平台为小鹏和小坤提供了网络经营场所、交易撮合以及信息发布等服务，确保双方能够独立、顺利地进行交易。

在这个案例中，小鹏通过抖音平台的直播带货功能向直播间用户销售商品。小坤作为买家，在了解了商品信息后下单并支付价款。双方就A品牌手机的买卖达成了一致意见，这就是一个典型的电子商务合同。通过这个合同，小鹏和小坤之间形成了信息网络买卖合同关系。

二、电子商务合同的法律适用

1. 法律适用的概念及理解

法律适用是指国家司法机关依照法定职权和法定程序，运用法律规范处理案件、解决纷争的过程。在电子商务领域，法律适用的核心在于确定电子商务合同应遵循的法律规范，以及处理因电子商务合同引发的纠纷时应适用的法律。

小贴士

法律适用本质上是事实与法条之间相互交流、渗透的一种思维过程。

在学习电子商务合同的基础知识时，我们应从理论层面深入理解和掌握电子商务相关的法律法规，如《民法典》《电子商务法》等。同时，培养法律适用的思维和逻辑，提升将法律知识应用于实际商务案例的能力也至关重要。

2. 电子商务合同领域的法律适用

（1）适用的法律类别

法律类别，也就是法律分类。根据效力位阶分类，广义的法律可以分为宪法、法律、法规（行政法规和地方性法规）、规章（部门规章和地方政府规章）以及其他规范性法律文件。根据法律的发布主体分类，可以分为立法、行政、司法系统三类。

电子商务合同因所涉及的商事业务范围不同，所适用的法律类别有所不同。

（2）适用的法律效力位阶

根据我国现行法律规定，法律效力位阶具体如下。

1）宪法具有最高的法律效力，其次是法律，再次是行政法规，然后是地方性法规，最后是本级和下级地方政府规章。

2）部门规章与地方政府规章在法律效力上具有同等地位，它们各自在自身的权限范围内实施。当对同一事项的规定出现不一致时，由国务院进行裁决。

3）如果地方性法规与部门规章对同一事项的规定存在冲突，无法确定如何适用时，应由国务院提出处理意见。若国务院认为应当适用地方性法规，则应决定在该地方范围内适用地方性法规的规定；若认为应当适用部门规章，则应提请全国人民代表大会常务委员会进行裁决。

综上所述，在从事电子商务活动的过程中，若要签署电子合同，首先应仔细审查合同内容。根据合同约定的事项，查阅相关法律规定至关重要。从法律适用的角度出发，审查合同条款或咨询法律专业人士，以避免签署无效或违法的合同。

小贴士

签订电子合同需谨慎

在电商交易中，电子合同已成为常见的签约方式。但消费者或当事人在签约过程中，常因“未被事先告知合同内容”或“找不到电子合同”而投诉。

电子合同的法律效力与纸质合同无异。因此，签约前务必认真阅读并理解合同内容，特别是数字、金额等关键细节。

电子合同通常在手机屏幕上展示，篇幅有限，阅读和理解起来可能更为困难。即使是几十页的纸质合同，非专业人士也很难逐字逐条阅读，更何况是电子合同。

此外，电子合同的签署过程往往较为简单，很多人可能只是在业务人员的指导下点击几下页面上的选项就完成了操作。但这样的操作方式，一旦出现问题，往往面临举证难的困境。

因此，签约时一定要慎重对待，“没看清，不签字；没看懂，不签字”。对合同有疑问时，务必让对方解释清楚。签署后，务必保存好电子合同文件，以备未来维权之需。

学习单元 2　电子商务合同订立与生效

学习目标

知识目标

1. 掌握电子商务合同当事人的概念和特征。
2. 了解电子代理人的概念。

技能目标

1. 能够准确识别电子商务合同要约的生效和失效、要约的撤回和撤销。
2. 能够准确区分要约和要约邀请。
3. 理解电子商务合同的主要条款内容，并能够在实际操作中准确应用。

学习导入

网购儿童捞鱼网兜引发的纠纷

2022 年 2 月 8 日，小李在某电商平台的"×× 专卖店"购买了一款儿童捞鱼网兜。该专卖店的经营者是 A 公司。商品总价为 7.93 元，订单编号为 ××。然而，尽管交易页面显示"卖家已发货"，小李却迟迟未收到商品。

与 A 公司沟通后，小李才得知 A 公司以快递不能发货为由拒绝按照规则发货，并在小李未收到商品的情况下，强制进行了自动收货处理。感到权益受到侵害的小李，对 A 公司和电商平台提起了诉讼。

本案的争议焦点主要集中在两个方面：一是 A 公司是否构成违约，以及是否应当承担违约责任；二是电商平台是否应当承担连带赔偿责任。

关于 A 公司是否构成违约的问题，法院认为小李在 A 公司经营的店铺提交商品订单并完成了支付，双方之间已经成立了信息网络买卖合同关系。该合同是双方真实意思的表示，且没有违反法律、行政法规的强制性规定，因此是合法有效的。在这种情况下，A 公司拒不发货的行为明显违反了合同约定，构成违约行为，应当承担相应的违约责任。

关于电商平台是否应当承担连带赔偿责任的问题，A 公司经营的"×× 专卖店"

实际上是一个线上店铺，其运营主体为Z网络有限公司，而并非本案中的电商平台。因此，电商平台在本案中并不承担责任。

请思考

在电子商务环境中，合同是如何订立的？它的生效条件又是什么？让我们一起探寻答案，深化对电子商务合同法律知识的理解与应用。

相关知识

一、电子商务合同的订立

电子商务合同的订立，是指电子商务合同各方通过洽谈、明确合同主要条款、达成一致意见并最终签署合同的全过程。

1. 电子商务合同当事人

（1）电子商务合同当事人的界定

电子商务合同当事人，即参与合同签署的双方或多方主体。具体来说，他们是依法订立电子商务合同，并按照合同约定履行相关义务和行使相应权利的自然人、法人或其他组织。

根据合同约定的事项及合同目的的不同，电子商务合同可以分为双方合同、三方合同以及多方合同。合同当事人作为合同的核心要素，其资格通常受到法律法规的明确规定。在不同的商务交易领域和交易类型中，对合同当事人的资格也可能存在特定的限制和要求。

（2）电子商务合同当事人的特征

传统书面合同往往基于现实交易场景，合同各方在交易过程中会有实际见面和直接联系。然而，在电子商务环境中，合同当事人更多地依赖网络平台进行沟通和联系，甚至在交易结束后都可能未曾谋面。

与传统书面合同当事人相比，电子商务合同当事人具有一些独特性。首先，电子商务合同当事人之间通常缺乏直接的了解和面对面的接触。其次，电子商务合同当事人身份的确认依赖于电子签名或电子认证。最后，在签署电子商务合同之前，当事人之间往往没有进行过面对面的磋商。

2. 电子商务合同的电子代理人

（1）电子代理人的概念

电子代理人是一种能够代表其使用者对电子讯息或对方行为采取行动或作出反应的计算机程序、电子手段或其他自动化手段。其主要作用在于确保电子合同的缔结过程可以在无须人为直接参与或控制的情况下顺利完成。

作为被代理人的忠实代表，电子代理人能够准确地执行被代理人的意愿和指令，除非出现机器故障或程序错误等异常情况。电子代理人的出现，使得合同的订立过程实现了人与机器之间的交互，从而在一定程度上脱离了传统的人际交互模式。

拓展阅读

电子代理人的法律地位

电子代理人与民法中的传统民事代理制度存在显著差异。从本质上看，电子代理人既不是自然人，也不是法人，而是一种执行人类意志的工具。然而，它的特性又使其区别于一般的交易工具。对于电子代理人的法律地位，存在多种观点。

1. 工具论

电子代理人只是智能化软件，无独立法律人格，执行被代理人意志，无独立利益和承担民事责任的财产，法律后果由被代理人承担。在智能程序发展的初期阶段，由于其智能性相对有限，其行为不超越被代理人意图，此理论有一定合理性。

2. 法人论

应赋予电子代理人法律人格，但需解决其独立承担法律责任及确定住所的棘手问题。若赋予法律人格，可能导致交易另一方难以保障利益，被代理人可能通过不正当手段损害对方利益。

3. 电子奴隶论

将电子代理人视为有行为能力无权利能力主体。虽解决了无法承担法律责任的问题，但否认电子代理人的独立主体地位，实质上仍视其为工具。

4. 电子人理论

将电子代理人看作兼具法人主体性和工具附从性的“电子人”。又分为两类：一类能以自己的财产承担责任，具有民事权利能力和行为能力，具法人资格；另一类不能自担责任，仅为被代理人工具。

从上述关于电子代理人法律地位的多种观点中，可以看出，确定电子代理人的法律地位确实是一个相当棘手的问题。然而，正是通过深入探讨这些不同观点，我们可以更全面地理解和认识电子代理人的本质，以及它在电子商务合同中发挥的重要功能和价值。

（2）电子代理人的法律责任

由于电子代理人不具备独立的法律人格，因此，在电子代理人实施行为时，责任的归属成为一个关键问题。这个问题需要依据电子代理人的行为性质来具体分析，即是缔约行为还是侵权行为。

在电子代理人进行缔约行为时，其责任承担相对明确。电子代理人作为经济主体实现交易目的的手段和工具，执行的是被代理人的意志。其缔约行为是基于被代理人预先设置的程序和数据而产生的，本身并不具备主观能动性来作出趋利避害的判断。因此，电子代理人的活动实质上是被代理人思维和行为的一种延伸，其所表达的意思表示应归属于电子被代理人（即电子代理人的使用者），并具有与被代理人亲自表达的意思表示相同的法律效力。

然而，在电子代理人涉及侵权行为时，责任承担的情况会相对复杂。在电子代理人的使用过程中，可能涉及多个主体，包括电子代理人这一计算机程序的知识产权所有者（即软件的设计者、开发者）以及电子代理人的使用者。因此，对于电子代理人侵权责任的承担，需要具体情况具体分析。

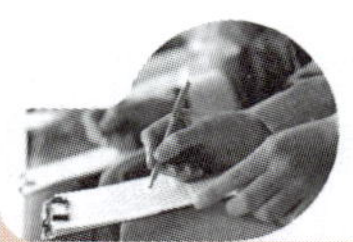

案例

企业间电子批发商务活动中电子代理人的侵权责任

在企业间的电子批发商务活动中，电子代理人发挥着至关重要的作用，协助双方高效地完成交易。然而，当电子代理人的使用者在交易过程中发送信息时，如果不慎导致对方系统崩溃，这便可能构成电子代理人的侵权行为。

以一起实际案例为例，某企业在使用电子代理人进行交易时，向其交易方的系统发送了一条信息，这条信息却导致对方系统崩溃，给对方造成了不小的损失。

面对这一情况，首先需要深入调查，查明造成系统崩溃的具体原因。如果经过调查，发现是因为电子代理人使用者的不当行为，比如发送的信息携带了病毒或恶意代码，导致了对方系统的崩溃，那么电子代理人的使用者便应当承担相应的侵权责任。

相反，如果系统崩溃的原因并非来自电子代理人使用者的行为，而是由于系统本身存在的缺陷或漏洞所致，那么责任便应当归属于系统软件的设计者或开发者。在这种情况下，系统软件的设计者或开发者应当按照相关法律法规，承担相应的法律责任。

3. 电子商务合同的要约与要约邀请

要约、要约邀请和承诺是订立合同所必须经历的流程环节。

电子商务合同相较于传统书面合同存在诸多差异，因此其要约、要约邀请、承诺等环节也有一些特殊性。

（1）要约的概念

要约是希望与他人订立合同的意思表示。发出要约的人为要约人，接受要约的人为受要约人，这是传统的合同缔约方式。

法条链接

第四百七十二条　要约是希望与他人订立合同的意思表示，该意思表示应当符合下列条件：

（一）内容具体确定；

（二）表明经受要约人承诺，要约人即受该意思表示约束。

——《民法典》

电子商务合同中，要约的基本理论没有改变，两者的差别主要在于作出意思表示的方式上，这是由于电子手段在缔约中的使用对传统要约形式的改变。只要电子意思表示符合要约的构成要件，即为合法有效。不能以使用了电子意思表示为理由否认合同的有效性或可执行性。

（2）要约的生效、失效

1）要约的生效

要约的生效，即要约何时开始产生法律效力。根据《民法典》的相关规定，要约的生效时间见表 4–2。

表 4–2　要约的生效时间

发出要约的方式	生效时间	具体情况与说明
对话方式（面对面交谈、电话沟通等）	相对人知道其内容之时	要约人的意思表示与相对人的受领意思表示同步进行，没有时间差，即刻生效
非对话方式（传真、信函等）	送达受要约人之时	①要约人作出意思表示与相对人受领意思表示不同步，有时间差 ②送达是指信息进入相对人通常的地址、住所或能控制的地方（如信箱）或由相对人的代理人接收 ③在意思表示送达相对人之前，即使相对人已经通过其他途径知道了该意思表示的内容，该意思表示也不生效
非对话方式的数据电文形式	根据具体情况判断	①如果相对人指定了特定系统来接收数据电文，那么该数据电文进入该特定系统时即生效 ②如果相对人没有指定特定系统，那么当其知道或者应当知道该数据电文进入其系统时，要约生效 ③如果当事人对采用数据电文形式发出的要约的生效时间有特别的约定，那么应当按照其约定来确定生效时间

综上所述，要约的生效可以简单理解为：当相对人知道或收到了要约人所发出的意思表示时，该要约即开始生效。

2）要约的失效

要约的失效，也称为要约的消灭或终止，是指要约失去法律效力，从而使要约人与受要约人均不再受其约束的状态。在此情况下，要约人不再承担接受承诺的义务，而受要约人也失去了通过承诺来成立合同的权利。要约失效的主要情形见表 4–3。

表 4–3　要约失效的主要情形

情况	描述	具体说明
要约被拒绝	受要约人明确不同意签订合同	受要约人在接到要约后，明确表示不同意与要约人签订合同，该要约便失去法律效力
要约被依法撤销	要约人在受要约人作出决定前撤销要约	要约人有权在受要约人作出决定之前撤销要约，撤销后要约失去法律效力

续表

情况	描述	具体说明
承诺期限届满，未作出承诺	受要约人在设定期限内未回应	要约人为受要约人设定了考虑期限，期限内未收到承诺，要约自动失效
受要约人对要约内容作出实质性变更	视为新要约的提出	受要约人修改要约内容，导致原要约不再适用，新要约的提出使原要约失效，要约人不再受原要约的约束

案例

网上购物直播间的要约与新要约

在网上购物直播间，主播会推荐和介绍各种产品。以荔枝为例，主播会详细介绍荔枝的产地、蕴含的文化、卓越的品质以及适合食用的人群。

在主播的介绍中，价格信息尤为关键。当主播宣布“荔枝十块钱一斤”时，这实际上已经构成了一个要约，即主播向直播间内的所有观众发出的一个明确的、希望与之订立购买合同的意思表示。

此时，观众小刘在直播间对话框中询问：“八块钱行不行？”这实际上是对主播原先要约的一个新要约。小刘的提议修改了荔枝的价格条款，因此构成了一个新的要约，等待主播的回应。

（3）要约的撤回、撤销

要约的撤回与撤销虽然都涉及要约法律效力的变动，但二者在发生时间点、法律约束力及限制条件上均存在显著差异，见表 4-4。

表 4-4　要约的撤回和撤销

项目	要约撤回	要约撤销
定义	要约发出后、生效前，要约人希望阻止要约产生法律效力而作出的明确意思表示	要约已发生法律效力后，但在受要约人作出承诺前，要约人希望使要约丧失法律效力的情形
时间点	要约发出后、生效前	要约已生效、受要约人未作出承诺前
法律约束力	要约尚未对受要约人产生法律约束力	要约已对受要约人产生法律约束力

续表

项目	要约撤回	要约撤销
通知要求	撤回通知需在要约到达受要约人之前或与要约同时到达	撤销通知需在受要约人作出承诺之前到达或为其知晓
对交易秩序的影响	不会影响交易秩序	可能影响受要约人的合理信赖和交易秩序
限制条件	无特殊限制，但需确保撤回通知以比要约更快的方式传达	需权衡双方利益，不能随意为之
是否使要约失效	若撤回通知及时，要约失效	取决于撤销通知是否及时到达或为受要约人所知晓

（4）要约邀请的概念

要约邀请，即指一方发出的、希望他人向自己发出要约的表示。常见的要约邀请形式包括拍卖公告、招标公告、招股说明书、债券募集办法、基金招募说明书、商业广告和宣传资料，以及寄送的价目表等（见表 4–5）。

表 4–5　常见要约邀请形式

类型	描述	形式	法律意义及应用领域
拍卖公告	拍卖活动中的宣传介绍，包含拍卖物品及预估价格	拍卖公告为要约邀请 竞买人出价为要约 拍卖人确认为承诺	拍卖活动构成特殊买卖，要约邀请用于吸引竞买人
招标公告	招标人发布的吸引投标人参与的文件	招标公告为要约邀请 投标为要约 招标人选定中标人为承诺	广泛应用于货物买卖、建设工程、土地使用权出让与转让、技术转让等领域，促成公平交易
招股说明书、债券募集办法、基金招募说明书	公司或基金向公众发布的说明性文件，用于募集资金	发布文件为要约邀请 认股人认购为要约 公司或基金出售为承诺	具有法律意义，用于规范证券市场交易行为
商业广告和宣传资料	商品经营者或服务提供者通过媒介发布的推销信息	商业广告和宣传资料通常被视为要约邀请	用于促进商品销售和服务提供，具有市场推广作用
寄送的价目表	商品生产者或销售者发送的商品及其价格清单	寄送价目表为要约邀请 对方回应并确定数量为要约	用于商品推销，帮助买方了解价格信息，促成交易

（5）要约与要约邀请的区别

要约和要约邀请都是合作的前期沟通行为，但它们之间存在明显的区别（见表 4–6）。

表 4–6　要约和要约邀请的区别

项目	要约	要约邀请
定义	当事人主动表达希望与他人达成合作意向的行为	希望他人向自己发出要约的一种意思表示
法律性质与责任	具有法律约束力，一旦对方接受并作出承诺，合同即告成立。要约人在法律上需要承担由此产生的责任	无法律约束力，仅为缔约预备行为。其主要作用是激发对方的要约意愿，而无法直接导致对方的承诺
自由度	决定权在于接受要约的一方	要约邀请人可自由选择是否承诺
内容详细度与完备性	必须包含合同成立所必需的所有关键条款	内容不必过于详细，可能只是简单地描述某种商品或服务，或者表达一种合作的意愿，而无须涉及具体的合同条款
确定性与具体性	内容具体且确定，具有明确性和可执行性	内容可能相对模糊和不确定，更多为探索和协商过程，而不是一种具体的合作提案

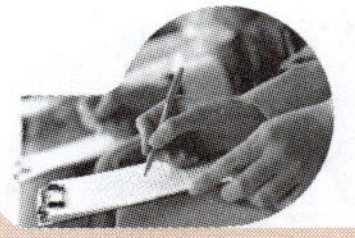

小贴士

需要注意的是，商业广告在某些情况下也可能被视为要约。例如，当广告内容具体明确，且表达了一种一经承诺即受约束的意愿时，该广告就可能被认定为要约。

“我公司现有某型号的水泥 1 000 吨，每吨价格 200 元，保证在 10 月 1 日前现货供应。欲购从速。”这样的广告内容具体明确，且表达了一种明确的供货意愿和价格承诺，因此可能被视为要约。

4. 电子商务合同的承诺

（1）承诺的概念

承诺是指受要约人同意接受要约的全部条件以缔结合同的意思表示。从法律性质上看，承诺与要约同属于意思表示。当受要约人作出承诺时，其意图在于使合同得以正式成立并生效。

承诺应当以通知或其他合适的方式传达给要约人，且必须在规定的承诺期限内送达。只有符合法定生效要件的承诺，才能产生受要约人所预期的法律效果，进而促成合同的成立。

对于承诺的特性，可以从以下几个方面进行深入理解（见表 4–7）。

表 4–7　承诺的特性

项目	描述与解释
主体特定性	承诺必须由受要约人作出。要约是向特定受要约人发出的邀请，只有受要约人才有权作出承诺，第三方的承诺不构成有效承诺
对象明确性	承诺必须明确地向要约人作出。承诺意在与要约人订立合同，必须明确表达承诺的意愿，否则不构成有效的承诺
内容一致性	承诺的内容必须与要约的内容完全一致。受要约人在承诺时，必须接受与要约完全相同的条件，任何变更都会使承诺变为新的要约

（2）承诺的期限

承诺的期限是指受要约人应在何时作出承诺的时间范围。这一期限的确定依赖于要约中是否明确规定了承诺期限。如果要约中已明确规定了承诺期限，受要约人应尊重并遵守该期限，确保承诺在该期限内传达至要约人。

如果要约中未明确承诺期限，那么承诺的到达时间将根据要约是以对话方式还是非对话方式作出而有所不同。一方面，对于以对话方式（如面对面交谈、电话沟通等）作出的要约，对话结束后，再作出的承诺对要约人不具有法律约束力。另一方面，对于以非对话方式（如传真、信函等）作出的要约，受要约人应在合理期限内作出是否接受的决定。

（3）承诺的生效

承诺的生效，即承诺在何时开始产生法律效力。承诺一旦生效，即标志着合同的成立，合同一旦成立，即对合同双方产生法律约束力。承诺的生效时间可分为以下两种情况。

1）以通知方式作出的承诺生效时间

当承诺的意思表示到达要约人时，承诺即生效，合同也随之成立。第一，如果承诺是以对话方式作出的，当受要约人作出承诺并使要约人知悉时，承诺即刻生效。第二，如果承诺是以非对话方式作出的，承诺的生效时间应为“到达要约人时”。

实践中，如果因为邮局等原因导致承诺通知延误，但只要承诺仍然有效，那么承诺生效的时间应以实际到达要约人时为准，而不是以投递承诺通知的时间或以邮局通

常情况下会送达要约人的时间为准。

2）通过行为作出承诺的生效时间

当承诺是通过行为而非通知作出的，那么根据交易习惯或要约的具体要求，当该行为发生时，承诺即生效。但需要注意的是，这种情况下的承诺必须符合要约的明确要求或行业内的公认交易习惯。

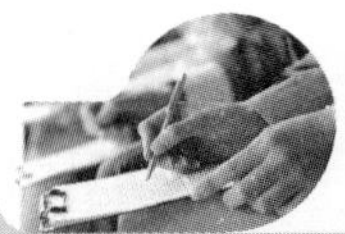

案例

编程任务的承诺与合同成立

甲方向乙方发出一个要约，希望乙方能够编写一套专门用于建立数据库的程序。

情境一：未通知的承诺

如果乙方在未给甲方发出任何承诺通知的情况下，自行开始编写程序，并在完成后要求甲方按照要约中所列的条件付款。那么，乙方是否有权这样做？

分析：

在这种情况下，乙方是无权要求甲方付款的。因为乙方从未正式通知甲方其接受要约的决定，所以乙方的所谓“承诺”并未生效。一个有效的承诺必须被明确地传达给要约人，以便要约人能够知道其要约已经被接受。由于乙方没有履行这一通知义务，因此甲方没有义务支付任何费用。

情境二：符合特殊交易要求的承诺

如果甲方在要约中明确告知乙方，自己在随后的两周内将不在公司，且如果乙方有意接受要约，应立即着手编写程序以节省时间。在这种情况下，一旦乙方开始编写工作，即使没有立即或在后续阶段通知甲方，合同是否被视为已经成立？

分析：

在这种情况下，合同被视为已经成立。因为甲方的要约中明确告知了乙方自己的不在场情况，并建议乙方立即开始工作以节省时间。这实际上构成了一种特殊的交易要求。当乙方按照甲方的这一要求开始编写程序时，即使没有立即通知甲方或在后续阶段通知甲方，其行为也已经被视为有效的承诺。因此，合同在乙方开始编写工作时即告成立。

结论：

在合同成立的过程中，承诺的通知是非常重要的环节。然而，在某些特殊情况下，如果双方之间存在特殊的交易要求，并且受要约人的行为符合这些要求时，即使没有明确的通知，合同也可能被视为已经成立。

（4）承诺的撤回

承诺的撤回是指受要约人在承诺发生法律效力前，表达出的取消该承诺的意愿。承诺作为一种具备法律效力的意思表示，一旦作出，便不能随意撤回；只有在满足特定条件的情况下，撤回才有可能实现。

这些条件可以概括为：撤回承诺的通知必须在承诺通知到达要约人之前，或者与承诺通知同时到达要约人。若撤回承诺的通知晚于承诺通知到达要约人，那么承诺便已生效，合同随即成立，此时受要约人再发出的撤回承诺通知将不具法律效力。

案例

土豆收购承诺与撤回

甲收到一个要约，要约中提出以每斤0.5元的价格出售1吨土豆。甲在考虑后，决定接受这一条件，并向要约人发出了收购承诺通知。但不久后，甲由于某些原因改变了主意，决定不再进行这次土豆的收购。

这时，甲必须立即撤回之前的承诺。如果甲的收购承诺先于撤回通知到达要约人，那么这次土豆收购的合同就已经成立。一旦合同成立，它对双方都具有法律约束力，任何一方都不能随意更改或取消。

5. 电子商务合同订立的时间和地点

（1）电子商务合同订立的时间

合同订立的时间，即为合同成立的时间点。在传统书面合同交易中，当双方当事人采用书面形式（如合同书）来订立合同时，该合同通常会在所有当事人都已签名、盖章或按指印时正式成立。如果某一方在签名、盖章或按指印前就已履行了合同的主要义务，并且这一行为被对方所接受，那么合同也会被视为成立。此外，即使法律、行政法规规定或当事人之间约定合同必须采用书面形式，但如果一方已经履行了主要义务且对方接受，即使未采用书面形式，合同仍然成立。

然而，在电子商务交易的背景下，合同成立的时间有所不同。根据《民法典》的相关规定，当一方当事人通过互联网等信息网络发布商品或服务信息，且这些信息符合要约的条件时，对方一旦选择这些商品或服务并提交订单成功，合同即告成立，除非双方当事人另有约定。

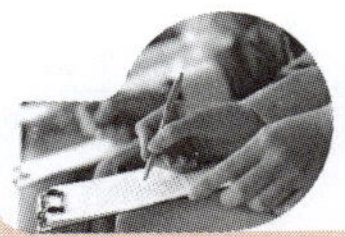

案例

电商平台上的合同成立时间

张先生在某电商平台上浏览时，看中了一款智能手机。他仔细查看了商品详情、价格及卖家提供的服务信息后，决定将这款手机加入购物车并提交订单。在成功提交订单后，张先生收到了平台的确认信息，告知他订单已经成功创建，并等待卖家发货。

在这个例子中，当张先生成功提交订单时，他与卖家之间的电子商务合同便正式成立。

（2）电子商务合同订立的地点

在电子商务交易中，合同订立的地点与传统书面合同有所不同。《民法典》规定了确定合同成立地点的原则。一般来说，承诺生效的地点即为合同成立的地点。但在电子商务环境中，由于采用数据电文形式订立合同，合同成立的地点则需要根据特定规则来确定。

法条链接

第四百九十二条　承诺生效的地点为合同成立的地点。

采用数据电文形式订立合同的，收件人的主营业地为合同成立的地点；没有主营业地的，其住所地为合同成立的地点。当事人另有约定的，按照其约定。

——《民法典》

根据《民法典》的规定，如果采用数据电文形式订立合同，那么收件人的主营业地通常被视为合同成立的地点。这里的收件人指的是要约人，即收到承诺的一方。如

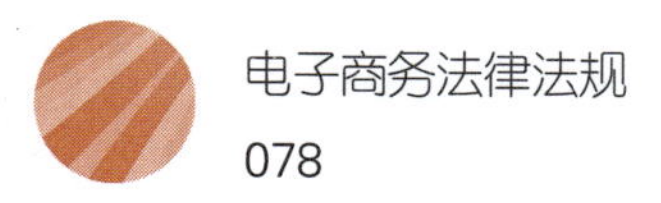

果收件人没有主营业地，那么其住所地就会被视为合同成立的地点。对于自然人而言，住所地即为其居住地；对于法人而言，住所地则为主要办事机构所在地。

然而，《民法典》也尊重当事人的意思自治。在采用数据电文形式订立合同时，当事人可以另行约定合同成立的地点。如果当事人之间有此类约定，那么应当按照他们的约定来确定合同成立的地点。

6. 电子商务合同的签署步骤

电子商务合同的签署是电子商务流程中的核心环节，它涉及多个关键步骤来确保合同的有效性和双方的权益。以下是大额交易电子合同的具体签署步骤。

（1）实名认证

签名者首先需上传身份确认信息至电子合同平台，平台将对这些信息进行严格的实名验证，确保签署方的身份真实可靠。

（2）申请数字证书

在实名验证通过后，电子合同平台将签名者的身份确认信息发送至权威的 CA（certificate authority，证书授权）中心进行进一步认证。CA 中心将为签名者颁发数字证书，作为其在电子交易中的身份凭证。

（3）生成电子签名或电子签章

获得数字证书后，签名者可以根据自身需求，在电子合同平台上直接生成电子签名或制作个性化的电子签章。

（4）上传并生成电子合同

签署一方将拟定的电子合同上传至平台。平台将合同内容转化为电子格式，并确保合同内容的完整性和不可篡改性。

（5）签署电子合同

上传方完成签署后，平台将通知其他签署方进行签署。其他签署方在确认合同内容无误后，使用自己的电子签名或电子签章进行签署。

（6）加盖可信时间戳

在所有签署方完成签署后，平台将为电子合同加盖可信时间戳。这个时间戳将作为合同签署时间的法定证明，并在未来用于确认电子签名及合同内容是否经过篡改。

通过以上步骤，电子商务合同得以安全、有效地签署，为双方提供了便捷且具备法律效力的交易保障。

二、电子商务合同的生效

合同成立后，并不必然直接生效。一般情况下，合同自成立时生效，但是法律另有规定或者当事人另有约定的除外。

电子商务合同的生效原则与一般合同相同，均需严格遵守相关法律法规的规定。要判断电子商务合同是否生效，需要考虑合同的性质、双方当事人的约定以及合同的具体内容等因素，特别是合同的主要条款。因此，在审查电子商务合同时，我们应全面考虑各种相关因素，确保合同的合法性和有效性，从而保障交易双方的权益。

1. 合同条款

合同条款是合同中经双方当事人协商一致后，明确规定双方权利与义务的具体内容。除了法律规定的权利义务外，合同的主要内容和责任主要由这些条款来界定。合同条款的完备性和准确性对于合同的有效成立、顺利履行以及实现合同订立的目的至关重要。合同的主要条款包括以下内容。

（1）当事人的姓名或者名称和住所

这是每个合同都必须具备的条款。当事人是合同的主体，如果合同中不写明当事人，就无法确定谁与谁进行交易，也就无法明确权利的享有和义务的承担。在发生纠纷时，将使问题难以解决。特别是在合同涉及多方当事人的时候，不仅要把所有合同当事人都写入合同中，还要准确、清楚地表达各方当事人的名称或者姓名和住所。

（2）标的

标的是合同当事人的权利义务指向的对象，是合同成立的必要条件，是一切合同的必备条款。没有标的，合同就不能成立，合同关系也就无法建立。由于合同的种类很多，因此合同的标的也多种多样。

（3）数量

在大多数合同中，数量是必备条款。缺乏数量的明确规定，合同将无法成立。许多合同仅需明确标的和数量，即便其他条款尚未详尽，也不妨碍合同的成立与生效。

对于有形财产而言，数量可以通过个数、体积、面积、长度、容积、质量等方式进行计量；而对于无形财产，数量则可能涉及个数、件数、字数以及使用范围等的计量。在劳务合同中，数量通常指代为劳动量；而对于工作成果，数量则涵盖工作量及成果的具体数目。

为确保合同的准确性和公平性，合同双方应就数量条款达成明确共识，并选用普遍认可的计量单位、方法及工具。例如，在网购图书时，应明确规定购买的是一本还是两本；在网购衣服时，应清晰指明购买的是一件还是两件。若数量条款模糊不清，将会导致合同价款的不明确，进而可能引发合同纠纷。

（4）质量

质量是指产品的标准、技术要求，通常通过品种、型号、规格、等级等形式来具体体现，涵盖性能、效用、工艺等多个方面。质量条款在合同中的重要性不言而喻。

在合同中，对质量问题的规定必须尽可能做到细致、准确、清晰。当国家有强制性标准时，合同双方必须严格遵循这些标准执行。若存在其他质量标准，双方应明确约定所适用的标准。

此外，合同当事人还可以约定质量检验的具体方法、质量责任的期限和条件，以及对质量提出异议的条件与期限等相关内容。以日常网购为例，消费者有时会觉得收到的产品质量与购买前在图片中看到的不符，整体效果不佳，这实际上就是对产品质量的不满意。然而，许多消费者在下单前并未认真阅读产品的质量说明。如果消费者能够仔细阅读并理解这些质量说明，他们就能对所购买的产品有一个更加理性、全面的认识，而不仅仅局限于产品外观或初步印象。

（5）价款或者报酬

价款或者报酬，是指一方当事人作为交易对价向对方当事人支付的货币。价款通常指向提供财产的当事人所支付的货币，如买卖合同中的货款。而报酬则主要是指向提供劳务或工作成果的当事人所支付的货币，如运输合同中的运费、保管合同与仓储合同中的保管费，以及建设工程合同中的设计费等。

在合同中，应明确规定价格或明确计算价款或报酬的方法，以确保交易的透明性和公平性。对于某些复杂的合同，如涉及货款、运费、保险费、保管费、装卸费、报关费及其他一切可能产生的费用，必须明确规定由哪一方承担，以避免后续产生纠纷或误解。

（6）履行期限、地点和方式

1）履行期限

履行期限是指合同中明确规定的，当事人应履行各自义务（如交付标的物、支付价款或报酬、提供劳务、完成工作等）的时间范围。这一期限直接决定了合同义务完成的时点，关系到当事人的切身利益，同时也是判断合同是否按时履行或存在迟延履行的客观标准。

履行期限的形式多样，既可以是即时履行，也可以是约定特定时间履行；既可以在某个时间段内完成，也可以分期分批进行。不同类型的合同对履行期限的要求各不相同，期限的计量单位也灵活多变，可以是小时、天、月、季或年。期限的设定既可以非常精确，也可以留有一定的灵活性。具体来说，在买卖合同中，卖方的履行期限通常指交货的日期，而买方的履行期限则是付款的日期；在运输合同中，承运人的履行期限涵盖了从起运地点到目的地卸载的整个过程；在工程建设合同中，承包方的履行期限则是从项目开工到竣工的整个时间段。因此，合同中的期限条款应尽可能明确具体，或者提供清晰的期限计算方法。

2）履行地点

履行地点则是指当事人履行合同义务以及对方接受履行的具体地点。不同类型的合同，其履行地点具有不同的特点。例如，在买卖合同中，如果由买方提货，则履行地点在提货地；如果由卖方送货，则履行地点在买方收货地。工程建设合同的履行地点通常位于建设项目所在地。履行地点的确定有时会影响运费的承担方、风险的分配以及所有权转移的时间和条件。同时，履行地点也是发生纠纷时确定法院管辖地的重要依据。因此，在合同中应明确规定清晰、具体的履行地点。

3）履行方式

履行方式是指当事人按照合同约定履行合同义务的具体方法和形式。不同的合同类型决定了其履行方式的差异。例如，在买卖合同中，主要的履行方式是交付标的物；而在承揽合同中，则是交付工作成果。合同的履行既可以是一次性完成，也可以是在约定的时间段内分期或分批进行。

在运输合同中，履行方式因运输方式的不同而有所区分，包括公路运输、铁路运输、海上运输、航空运输等。此外，履行方式还涉及价款或报酬的支付和结算方式，如现金结算、转账结算（包括同城转账和异地转账）、托收承付、支票结算、委托付款、限额支票、信用证、汇兑结算以及委托收款等多种形式。

履行方式与当事人的利益息息相关，因此在选择履行方式时，应从方便性、快捷性等多个角度综合考虑，以选择最为适宜的方式，并在合同中予以明确规定。

（7）违约责任

违约责任是指当一方或多方当事人未能履行或未能按照约定履行其合同义务时，所应承担的法律后果。作为一种法律措施，违约责任旨在促使当事人严格遵守合同义务，以减少或避免对方因此遭受的损失，从而保障合同的有效执行。违约责任是合同中的核心条款，因其重要性，相关法律对此作出了详细规定。

然而，法律规定通常是原则性的，尽管它们可能非常详尽，但难以涵盖所有合同的特殊情况和具体细节。因此，为满足特殊需求，确保合同义务得到精确履行，并及时解决合同纠纷，当事人可以在合同中自主约定具体的违约责任条款，如定金的数额、违约金的计算方式、损失赔偿金的确定方法等。

（8）解决争议的方法

解决争议的方法主要涉及合同争议的解决途径及法律适用等相关问题。解决争议的主要途径包括：第一，双方协商和解；第二，由第三人进行调解；第三，仲裁；第四，诉讼。当事人可以事先约定解决争议的具体方法，若意图通过诉讼途径解决争议，则无须特别约定；而通过其他途径解决争议时，则需要事先或事后进行明确约定。根据《中华人民共和国仲裁法》的相关规定，若选择仲裁作为解决争议的方式，除非当事人的约定被认定为无效，否则将排除法院对该争议的管辖权。解决争议方法的选择对于纠纷发生后当事人利益的保护至关重要，因此应慎重对待。在选择仲裁方式解决争议时，合同应明确、具体地规定所选的仲裁机构，而不能仅笼统地表述为“采用仲裁方式解决”，否则可能会影响仲裁协议条款的效力。

上述八项内容构成了一份完整合同的主要条款框架，但需注意，不同类型的合同，其内容条款可能会有所调整。

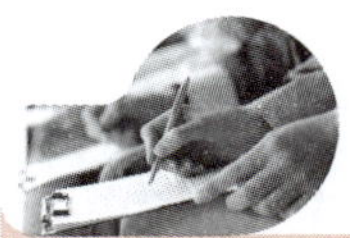

想一想

假如你是一位电子商务经营者，考虑一下，如何起草一份合法合规的电子商务合同？若作为消费者，收到销售方的电子商务合同后，能否看出合同中对己不利的地方？能否看出合同内容是否合法合规？

2. 电子商务合同的标的

（1）电子商务合同标的的概念

合同标的是指合同双方当事人之间权利和义务所共同指向的对象，如货物交付、劳务提供、工程项目完成等。它是合同成立的必要条件，是一切合同的必备条款。没有明确的标的，合同就无法成立，合同关系也无法建立。

标的的种类广泛，总体上可以分为财产和行为两大类。财产进一步细分为物和财产权利，具体表现为动产、不动产、债权、物权等；而行为则包括作为和不作为等。常见的合同标的主要包括以下几种类型。

1）有形财产

有形财产是指那些具有价值和使用价值，且法律允许其流通的实体物品。根据不同的分类标准，有形财产可以进一步细分为生产资料与生活资料、种类物与特定物、可分物与不可分物、货币与有价证券等多种类型。

2）无形财产

无形财产则是指那些虽不具有实体形态，但同样具有价值和使用价值，且法律允许其流通的智力成果。典型的无形财产包括商标权、专利权、著作权以及技术秘密等。

3）劳务

劳务指的是那些不以有形财产形式体现其成果的劳动与服务。例如，在运输合同中，承运人所提供的运输服务；在保管与仓储合同中，保管人所提供的保管服务；以及接受委托所进行的代理或行纪行为等，均属于劳务的范畴。

4）工作成果

工作成果是指在合同履行过程中所产生的，能够体现履约行为效果的有形物或无形物。例如，在承揽合同中，承揽方所完成的工作成果；在建设工程合同中，承包人所完成的建设项目；以及在技术开发合同的委托开发合同中，研究开发人所完成的研究开发成果等。

在合同中，对标的物的规定必须清晰明了、准确无误。无论是名称、型号、规格、品种、等级还是花色等细节，都应予以详尽、准确且清晰的约定，以防出现任何差错。尤其是对于那些难以确定的无形财产、劳务以及工作成果等，更应尽可能地作出精确而明了的描述。此外，在订立合同时，还需注意各种语言、方言以及习惯称谓之间可能存在的差异，以避免因误解而引发的纠纷和麻烦。

（2）电子商务合同标的与合同标的物的区别

标的物是当事人双方权利义务所指向的具体对象。在商业买卖合同中，标的物特指交易所涉及的物体或商品。举例来说，房屋租赁合同的标的是双方的租赁关系，而标的物则是具体租赁的房屋。标的和标的物并非总是同时存在。一个合同必须明确其标的，但不一定涉及具体的标的物。例如，在提供劳务的合同中，标的是双方之间的劳务关系，而不涉及具体的物体，因此不存在标的物。

在电子商务领域，合同主要涉及的是买卖交易，因此通常会涉及合同的标的物。这些标的物可能是实体商品，也可能是数字产品或服务。

3. 影响电子商务合同生效的因素

（1）电子商务合同订立与生效

电子商务合同订立后，不代表必然生效，合同订立不等同于合同生效。例如，在网购时，买方将商品放入购物车的行为，应视为买卖双方对于价款和标的物初步形成合意，购物网站随后会提示买方及时付款，故买方将商品放至购物车的行为应视为买方的承诺，买卖合同成立。而买方将货款汇至支付平台，买卖合同即生效。由于网络的开放性和虚拟性，网络交易有很强的随意性，不存在所谓的信赖利益损失，故买卖双方均享有任意撤销权，买方可以随时删除购物车中的商品，卖方也可以随时将商品下架。

（2）电子商务合同生效的条件

合同生效的条件有两种情形，一是附生效条件，二是法律、行政法规规定合同应当办理批准等手续。生效条件成就前，合同成立但未生效；生效条件成就，则合同生效。若生效条件确定不成就，合同应被界定为未生效，而非无效。

关于附生效条件成就的具体时限，法律并未给出明确的规定。然而，《民法典》第五百零九条强调，当事人应当按照约定全面履行自己的义务，并应当遵循诚信原则，根据合同的性质、目的和交易习惯履行通知、协助、保密等义务。这意味着，尽管法律没有明确规定具体的时限，但当事人在履行合同过程中，应秉持诚信原则，尽力促使生效条件的成就。

（3）电子商务合同无效的法律后果

合同无效是指合同因不符合法律规定的生效要件而不具有法律效力。根据我国现行法律规定，合同无效通常可分为绝对无效和相对无效两种情形。

1）绝对无效

绝对无效主要包括以下几种情况：一是民事主体缺乏民事行为能力，即无民事行为能力人所实施的民事法律行为自始不具有法律效力。二是意思表示不真实，即行为人与相对人之间以虚假的意思表示实施的民事法律行为同样无效。对于以虚假意思表示隐藏的民事法律行为的效力，应根据相关法律规定进行处理。三是违背公序良俗，即合同内容与社会善良风俗、道德价值观相悖的行为，也被视为无效。

2）相对无效

相对无效的情形主要包括以下几种。

首先是民事行为能力受限，即限制民事行为能力人所实施的纯获利益的民事法律行为，或者与其年龄、智力、精神健康状况相适应的其他民事法律行为是有效的。然而，他们实施的其他民事法律行为，需要经过其法定代理人的同意或追认后才能产生法律效力。

案例

虚拟财产交易安全纠纷案

张某某的女儿张小某，在2022年4月19日晚上，私自使用张某某的手机登录某直播平台，并在平台主播的诱导下，通过张某某的支付宝账户向某数码科技公司经营的“某点卡专营店”支付了5 949.87元用于购买游戏充值点。同时，在相近时间段内，张小某还向其他游戏点卡网络经营者进行了充值和网络直播打赏等消费，总额达到10万余元。

张小某出生于2011年，在实施充值活动时还只有11岁，是限制民事行为能力人。而限制民事行为能力人只允许其独立从事纯获利益的民事法律行为和与其年龄、智力及精神健康状况相适应的民事法律行为。本案中张小某充值5 949.87元的行为显然已经超出了与其年龄、智力相适宜的程度，且张小某的监护人张某某对张小某的行为不予追认。

法院经审理认为，由于张小某是限制民事行为能力人，且其监护人张某某对其充值行为不予追认，因此张小某的充值行为无效。由此形成的买卖合同也无效。最终，法院判决某数码科技公司返还张某某充值款5 949.87元。

其次是意思表示不真实，这包括基于重大误解而实施的民事法律行为，此时行为人有权请求人民法院或仲裁机构予以撤销。如果一方以欺诈手段使对方在违背真实意思的情况下实施了民事法律行为，那么受欺诈方同样有权请求撤销。当第三人实施欺诈行为，且一方在不知情的情况下实施了民事法律行为，如果另一方知道或应当知道该欺诈行为，受欺诈方也有权请求撤销。此外，如果一方或第三人使用胁迫手段迫使对方在违背真实意思的情况下实施民事法律行为，受胁迫方有权请求撤销。

最后，如果一方利用对方的危困状态或缺乏判断能力等情形，导致民事法律行为在成立时显失公平，受损害方也有权请求人民法院或仲裁机构予以撤销。

合同被确认为无效后，其法律后果主要包括恢复原状、折价补偿以及赔偿损失。由于合同无效具有自始无效的特性，合同中先前所约定的权利义务将自动失去约束力。因此，合同中关于违约责任承担、违约金计算等相关条款将无法适用。当合同虽已订立但被确认为无效时，损害的是对方的信赖利益。在这种情况下，过错方应承担缔约过失责任，以弥补对方因信赖合同有效而遭受的损失。

缔约过失责任，是指在合同订立过程中，一方当事人因违背诚实信用原则的行为，导致对方信赖利益受损而应承担的损害赔偿责任。这种损失主要涵盖订约和履行成本的支出，以及订约机会的丧失。具体来说，包括缔约费用、为准备履行合同而支出的费用、这些费用所产生的利息损失，以及因合理信赖而丧失与第三人订立合同的机会所带来的损失。在合同无效的情形下，当事人所应获得的信赖利益赔偿数额，应当以合同若有效且得到全面履行时所能获得的全部利益为限。

案例

标价失误引发购车纠纷

A公司作为“yy汽车旗舰店”的经营者，在××网店发布了一款新车的销售信息，标价为11 300元。小王看到该信息后，认为价格合理，随即下单并支付了全款。然而，A公司后续主张该价格仅为订金，并非车辆实际售价，且此价格系工作人员标注错误，因此拒绝交付车辆，并将款项退还给小王。

本案的核心在于判断小王与A公司之间的买卖合同是否成立。根据《民法典》的相关规定，民事活动应遵循诚信原则。在此案中，A公司发布的销售信息具体明确，符合要约的构成要件，小王下单并付款的行为则构成承诺，双方之间的买卖合同关系依法成立。

然而，考虑到一辆新车的正常售价远高于11 300元，A公司主张该价格系标注错误，具有一定的合理性。在此情况下，如果强制要求A公司按错误价格履行合同，将导致双方利益严重失衡，有违公平和诚信原则。

尽管如此，A公司在价格设置上的过错导致其构成违约。根据法律规定，小王有权要求A公司承担相应的违约责任，以弥补其因此遭受的损失。

学习单元3　电子商务合同履行及违约责任

学习目标

知识目标

1. 理解电子商务合同履行的概念和基本原则。
2. 掌握电子商务合同违约责任的形式及免责情形。

技能目标

1. 能够准确识别并描述电子商务合同履行的阶段。
2. 能够根据实际应用场景选择合适的电子商务合同履行的方式。
3. 能够运用合适的电子商务合同违约救济措施来解决实际问题。

学习导入

换货时效争议案

2021年年初，消费者刘某通过Y电商平台购买了一台A品牌蒸烘烤一体机，并额外购买了该平台提供的180天质量问题免费换新服务。同年7月，当微波炉出现故障后，刘某向Y电商平台提出了换货申请，但遭到了平台的拒绝。双方就换货服务的时效性问题产生争议，最终刘某选择将Y电商平台诉至法院。

本案的核心争议在于刘某提出换货申请的时间是否超出了Y电商平台所承诺的180天质量问题免费换新服务期限。

经审理，法院认为刘某与Y电商平台之间建立了有效的信息网络买卖合同关系。根据双方约定的售后保障服务条款，刘某享有的180天质量问题免费换新服务应从商品签收后的次日，即2021年1月8日0点起算，至2021年7月7日截止。由于刘某主张的7月9日提交换新申请，以及Y电商平台主张的7月12日收到换新申请，均晚于服务保障期限的截止日期，因此刘某的换货申请超出了约定的服务期限。

请思考

电子商务合同签署后，就具有法律效力，合同各方就要切实履行。若不履行合同，就必然需要承担相应的法律责任。那么，电子商务合同履行有哪些阶段，电子商务合同履行有哪些方式，电子商务合同违约的类型及表现形式都有什么？接下来，让我们共同深入探究更多细节。

相关知识

一、电子商务合同履行概述

1. 电子商务合同履行的概念及基本原则

一份有效的电子商务合同签署后，若想实现合同目的，就需要履行合同。

（1）电子商务合同履行的概念

电子商务合同的履行，指的是合同当事人全面完成合同所约定义务的过程，以确保合同目的得以实现。

这一过程通常可划分为履行合同义务的准备阶段、具体合同义务的履行阶段，以及义务履行的善后阶段（见表 4-8）。

表 4-8 电子商务合同履行的阶段

阶段	描述	相关义务	示例
履行合同义务的准备阶段	当事人需为完成合同中约定的各项义务做好充分准备	先合同义务	买卖合同中的商品生产、货源组织、商品包装等活动
具体合同义务的履行阶段	合同履行的核心，涉及合同中各项义务的具体实施	合同义务	买卖合同中的商品交付和价款支付等活动
义务履行的善后阶段	处理与合同相关的一些后续活动	后合同义务	合同履行完成后的通知、协助以及保密等事项

（2）电子商务合同履行的基本原则

合同履行时，应当遵循以下基本原则。

1）全面履行原则

在合同中，当事人会明确约定各自应履行的合同义务。这些义务因合同性质的不同而有所差异。当事人必须严格遵循电子商务合同的各项约定，确保全面、准确地履行自身义务。

以买卖合同为例，出卖人负有转移标的物所有权于买受人的义务，买受人负有支付价款的义务，当事人在合同内容中一般会就标的物名称、数量、质量、履行期限、履行地点和方式、价款及其结算方式等作出具体约定。当事人应当履行的义务不限于合同的主要义务，对于当事人约定的其他义务，当事人也应当按照约定履行。

2）诚信履行原则

诚信原则被称为民法的“帝王条款”，是各个国家或者地区民法公认的基本原则。我国《民法典》也明确将诚信原则作为民法的基本原则之一。合同履行也应当遵循诚信原则，当事人应当按照诚信原则行使合同权利、履行合同义务。

诚信履行原则，又导出履行的附随义务。当事人除应当按照合同约定履行自己的义务外，也要履行合同未作约定但依照诚信原则应当履行的通知、协助、保密等义务，但附随义务的范围不局限于此。在某一合同的履行中，当事人应当履行哪些附随义务，应当依照诚信原则，根据该合同的性质、目的和交易习惯作具体判断。

3）绿色履行原则

民事主体从事民事活动，应当有利于节约资源、保护生态环境。当事人在履行合同过程中，应当避免浪费资源、污染环境和破坏生态。

2. 电子商务合同履行的阶段

电子商务合同涉及的合同类型更多的是买卖合同、服务合同等。这类合同的履行一般分为以下几个阶段。

（1）支付价款阶段

电子商务经营者发布的商品或者服务信息符合要约条件的，用户选择该商品或者服务并提交订单成功，合同成立。当事人另有约定的，从其约定。电子商务经营者不得以格式条款等方式约定消费者支付价款后合同不成立；格式条款等含有该内容的，其内容无效。在网购过程中，从消费者的角度，提交订单成功，就意味电子商务当事人可以约定采用电子支付方式支付价款。

电子商务当事人可以约定采用电子支付方式支付价款。电子支付服务提供者为电子商务提供电子支付服务，应当遵守国家规定，告知用户电子支付服务的功能、使用方法、注意事项、相关风险和收费标准等事项，不得附加不合理交易条件。电子支付服务提供者应当确保电子支付指令的完整性、一致性、可跟踪稽核和不可篡改。电子支付服务提供者应当向用户免费提供对账服务以及最近 3 年的交易记录。

（2）交付货物（服务）阶段

商家在收到订单后，就要负责履行交货义务。合同标的为交付商品并采用快递物流方式交付的，收货人签收时间为交付时间。合同标的为提供服务的，生成的电子凭证或者实物凭证中载明的时间为交付时间；前述凭证没有载明时间或者载明时间与实际提供服务时间不一致的，实际提供服务的时间为交付时间。合同标的为采用在线传输方式交付的，合同标的进入对方当事人指定的特定系统并且能够检索识别的时间为交付时间。商家在此阶段的主要义务是，把订单中的货物完好无损地交付到消费者手中，才算是完成交付义务。一些商家会在交易过程中，就运费承担问题进行约定，从促销的角度，购买物品价值高的，会给予消费者免支付运费的优惠。

（3）后合同义务阶段

后合同义务是指合同的权利义务终止后，当事人依照法律的规定，遵循诚信等原则，根据交易习惯履行的各项义务。后合同义务对于在交易中强化诚信观念、维护交易的正常秩序具有重要意义。因此，合同中债权债务终止后，双方当事人还负有后合同义务。

后合同义务的主要特点如下。

第一，后合同义务是合同的权利义务终止后产生的义务。合同成立前，当事人承担的是先合同义务；合同的权利义务未终止时，当事人履行的是合同义务。

第二，后合同义务主要是法律规定的义务。如果当事人在合同中约定履行某项义

务，该义务为合同义务，不履行该义务，承担违反合同的责任。后合同义务主要是法定义务，违反后合同义务要承担损害赔偿责任。

第三，后合同义务是诚信等原则派生的义务。诚信原则要求民事活动的当事人具有诚实、守信、善意的心理状况，不损人利己，不规避法律，恪守承诺，在民事活动中维持双方的利益平衡以及当事人利益与社会利益的平衡。合同的权利义务终止后，当事人应当履行哪些义务，并没有一定之规，依诚信原则应履行的义务，均应为后合同义务的范围。当事人主观方面的要求也可以根据诚信等原则予以确定。

第四，后合同义务的内容根据交易习惯确定。合同的内容不同，后合同义务也不同，法律不可能针对个案确定后合同义务的内容。但按照交易习惯，某类合同终止后，当事人通常的行为准则，应作为后合同义务。所谓交易习惯，一方面指一般的民商事活动应遵循的习惯，另一方面指当事人双方在长期交易关系中形成的习惯。

遵循诚信等原则，根据交易习惯，债权债务终止后的后合同义务通常有以下几方面。

第一，通知的义务。合同权利义务终止后，一方当事人应当将有关情况及时通知另一方当事人。比如，在租赁合同终止后，出租人应及时通知承租人取回物品；房屋买卖合同履行完毕而终止后，出卖人应该将房屋的重大情况通知买受人。

第二，协助的义务。合同的权利义务终止后，当事人应当协助对方处理与原合同有关的事务。比如，合同解除后，需要恢复原状的，对于恢复原状给予必要的协助；合同的权利义务终止后，对于需要保管的标的物协助保管。

第三，保密的义务。保密是指保守国家秘密、商业秘密和合同约定不得泄露的事项。国家秘密是指关系国家的安全和利益。合同的权利义务终止后，合法接触、掌握、使用国家秘密的合同当事人，对于保密期内的国家秘密，无权向第三者泄露；泄露了国家秘密，要承担民事责任、行政责任甚至刑事责任。商业秘密是指不为公众所知悉，能为权利人带来经济利益，具有实用性，并经权利人采取保密措施的技术信息和经营信息。商业秘密一旦进入公共领域，就会失去其商业价值，损害合同当事人的经济利益和竞争优势。因此，合同的权利义务终止后，当事人负有保守商业秘密的义务。泄露了商业秘密要承担民事责任。除了国家秘密和商业秘密，当事人在合同中约定保密的特定事项，合同的权利义务终止后，当事人也不得泄露。

第四，旧物回收的义务。对于一些特殊的商品，依照法律、行政法规的规定或者按照当事人的约定，标的物在有效使用年限届满后应予回收的，出卖人负有自行或者委托第三人对标的物予以回收的义务。

应当注意的是，后合同义务的具体范围需要根据具体个案予以细致和具体的判断，

不宜以结果倒推后合同义务的范围，要考虑诚信原则所要求的不同价值之间的平衡，要考虑交易习惯的举证，结合当事人主观方面的要求、履行的对价、成本和收益的对比、当事人约定的可能性等，在个案中具体判断后合同义务的范围、强度、地域、内容、期限等。

3. 电子商务合同履行方式

电子商务合同履行方式是多样化的。从当前电子商务开展的情况看，基本上有三种履行方式（见表 4–9）。

表 4–9 电子商务合同履行方式

履行方式	描述	主要标的	举例
线上履行	在线付款，在线交货	信息产品	音乐的下载、软件的授权使用、购买网课、购买学习视频等
部分线上履行	在线付款，离线交货	实物商品等	物流运输、人员配送等实物商品的购买，现在大部分实物商品的购买履行方式
线下履行	离线付款，离线交货	信息产品或非信息产品	家政服务、旅游产品、附属服务等，信息产品可选在线下载或离线交货

综上，在电子商务领域，根据商品的形态不同，结合最便捷高效的实现交易的目的，形成了不同的合同履行方式。有的电子商务，其信息流、资金流和物流完全电子化；有的则只有信息流、资金流或其中之一依托电子方式，而其他依然依托传统的操作方式。大部分知识产权贸易可以通过网络直接完成交易，但是，有形产品或大多数服务的交易则必须在线下才能完成交易。

二、电子商务合同的违约救济

1. 电子商务合同违约的类型及表现形式

电子商务合同和传统书面合同一样，也会存在合同违约。合同违约是指合同当事人在履行合同过程中，并未按照合同约定来履行合同。

（1）电子商务合同违约的类型

违约分为一般违约和根本违约两种类型。

一般违约，简单来说，就是合同的履行，有些不符合双方的合同约定，但基本合同目的可以实现。

根本违约是指因合同目的根本不可能实现，如标的物不符合质量要求，致使不能实现合同目的的，买受人可以拒绝接受标的物或者解除合同。买受人拒绝接受标的物或者解除合同的，标的物毁损、灭失的风险由出卖人承担。

（2）电子商务合同违约的表现形式

电子商务合同违约主要表现为以下形式。

1）由于合同主体方面的原因而造成违约。

2）由于合同规定的履行期限不明确、不完备而造成的违约。合同规定的履行期限不明，容易使当事人误解或者曲解，致使当事人违约。

3）由于主管机关对合同审查、管理不严，合同缺乏可行性研究，所签合同不能履行。

4）市场行情变化或者价格大幅升降，从而影响合同的全面履行，造成当事人违约。

5）因发生自然灾害等不可抗力的事件而导致合同不能履行。

6）因发生情势变更而导致合同当事人违约。

2. 电子商务合同违约责任的特征

违约责任是指当事人一方或者双方在不履行合同义务或者履行合同义务不符合约定时应当承担的法律责任。违约责任是促使当事人履行合同义务，使对方免受或少受损失的法律措施，也是保证合同履行的主要条款。

违约责任在合同中非常重要，当事人为了特殊的需要，为了保证合同义务严格按照约定得到履行，为了更加及时地解决合同纠纷，可以在合同中约定违约责任，如约定违约金、损失赔偿金的计算方法等。

违约责任的特征如下。

（1）违约责任是一种民事责任。

（2）违约责任以合同义务的存在为前提。违约责任是当事人一方不履行合同义务或者履行合同义务不符合约定所应当承担的后果。违约责任是合同义务的转化和延伸，合同义务是第一性义务，而违约责任是第二性义务，两者具有同一性，无合同义务即无违约责任。

（3）违约责任是国家凭借法律之力，强制债务人履行债务或者承担其他责任。与诉权联系在一起，以确保合同权利的实现，包含了责任的国家强制性，是对债务人行为的否定性评价。合同义务与违约责任并非总是相伴相生，有时虽然存在合同义务，但不产生违约责任，出现了债务人和责任的分离。

（4）违约责任是一种财产责任，并非人身责任。不能采取非法拘禁、扣押人身的责任方式，而只能是继续履行、采取补救措施、赔偿损失或者支付违约金等财产责任方式。

3. 电子商务合同违约责任的形式及免责情形

（1）电子商务合同违约责任的形式

当事人一方不履行合同义务或者履行合同义务不符合约定的，应当承担继续履行、采取补救措施、赔偿损失或者支付违约金等违约责任。

1）继续履行

继续履行是指按照合同的约定继续履行义务。当事人订立合同都是追求一定的目的，这一目的直接体现在对合同标的的履行，义务人只有按照合同约定的标的履行，才能实现权利人订立合同的目的。所以，继续履行合同是当事人一方违反合同后应当负的一项重要的民事责任。对合同一方当事人不能自觉履行合同的，另一方当事人有权请求违约方继续履行合同或者请求人民法院、仲裁机构强制违约当事人继续履行合同。例如，没有交付商品的，应当交付合同约定的商品；没有提供劳务的，应当继续提供合同约定的劳务。

2）采取补救措施

采取补救措施，主要是指采取修理、重作、更换等方式，尽力弥补守约方的损失。这主要是违反合同应当承担的民事责任形式，是违反合同后所采取的补救措施。修理既包括对产品、工作成果等标的物质量瑕疵的修补，也包括对服务质量瑕疵的改善，这是最为普遍的补救方式。在存在严重的质量瑕疵，以致不能通过修理达到约定的或者法定的质量情形下，受损害方可以选择更换或者重作的补救方式。例如，修建的房屋不符合要求，义务人应当无偿地进行修理；加工制作的产品不符合约定，虽经修理也不能使用，义务人就应当重作。修理、重作、更换不是恢复原状，如果将损坏的财产修理复原，则是承担恢复原状的责任。

3）赔偿损失

赔偿损失是指行为人向受害人支付一定数额的金钱以弥补其损失的责任方式，是运用较为广泛的一种责任方式。赔偿的目的，最基本的是补偿损害，使受到损害的权利得到救济，使受害人能恢复到未受到损害前的状态。

4）支付违约金

违约金是当事人在合同中约定的或者由法律直接规定的一方违反合同时应向对方支付一定数额的金钱，这是违反合同可以采用的承担民事责任的方式，只适用于合同当事人有违约金约定或者法律规定违反合同应支付违约金的情形。违约金的标的物通常是金钱，但是当事人也可以约定违约金标的物为金钱以外的其他财产。违约金根据产生的根据可以分为法定违约金和约定违约金。法定违约金是由法律直接规定违约的情形和应当支付违约金的数额。只要当事人一方发生法律规定的违约情况，就应当按照法律规定的数额向对方支付违约金。如果违约金是由当事人约定的，为约定违约金。约定违约金是一种合同关系，有的称为违约金合同。约定违约金又被看成一种附条件合同，只有在违约行为发生的情况下，违约金合同才生效；违约行为不发生，违约金合同不生效。当事人约定违约金的，一方违约时，应当按照该约定支付违约金。如果约定的违约金低于造成的损失的，当事人可以请求人民法院或者仲裁机构予以增加；约定的违约金过分高于造成的损失的，当事人可以请求人民法院或者仲裁机构予以适当减少。如果当事人专门就迟延履行约定违约金的，该种违约金仅是违约方对其迟延履行所承担的违约责任，因此，违约方支付违约金后还应当继续履行义务。

案例

虚拟发货欺诈案

买家小杰在2021年8月至9月期间，通过微信与卖家小吴协商，决定在某购物平台上的“淘小铺 ×××”店铺（由小王经营）分4次购买冷柜。每次交易金额为48 000元，总交易额为196 000元。在支付完货款后，小杰应小吴的要求，在未收到货物的情况下提前点击了确认收货。然而，小吴和小王并未按照约定进行发货。

本案例中，小吴和小王在收到货款后未按约定发货，构成了违约行为。根据《电子商务法》和《民法典》的相关规定，他们应依法承担违约责任。小杰作为买家，在未收到货物的情况下被要求提前确认收货，其权益受到了侵害。因此，小杰有权要求小吴和小王进行退款，并可以通过购物平台提出退款申请。

（2）电子商务合同违约的免责情形

为了妥当地平衡行为人的行为自由和受害人的法益保护这两个价值，避免由违约方绝对承担违约责任所导致的风险不合理分配，《民法典》规定了一些相关的规则。

1）法定的违约责任免除和减轻

当事人一方因不可抗力不能履行合同的，根据不可抗力的影响，部分或者全部免除责任，但是法律另有规定的除外。当事人一方违约后，对方应当采取适当措施防止损失的扩大；没有采取适当措施致使损失扩大的，不得就扩大的损失请求赔偿。当事人都违反合同的，应当各自承担相应的责任。当事人一方违约造成对方损失，对方对损失的发生有过错的，可以减少相应的损失赔偿额。同时，《民法典》在具体的典型合同中也规定了免责或者减责事由。承运人应当对运输过程中旅客的伤亡承担赔偿责任；但是，伤亡是旅客自身健康原因造成的或者承运人证明伤亡是旅客故意、重大过失造成的除外。

2）具体合同类型中的特殊归责和免责事由

《民法典》在一些具体的典型合同中规定了特殊的归责事由。

比如，在赠与合同中，应当交付的赠与财产因赠与人故意或者重大过失致使毁损、灭失的，赠与人应当承担赔偿责任。赠与人故意不告知瑕疵或者保证无瑕疵，造成受赠人损失的，应当承担赔偿责任。

在运输合同中，在运输过程中旅客随身携带物品毁损、灭失，承运人有过错的，应当承担赔偿责任。因托运人托运货物时的过错造成多式联运经营人损失的，即使托运人已经转让多式联运单据，托运人仍然应当承担赔偿责任。

在保管合同中，保管期内，因保管人保管不善造成保管物毁损、灭失的，保管人应当承担赔偿责任。但是，无偿保管人证明自己没有故意或者重大过失的，不承担赔偿责任。储存期内，因保管不善造成仓储物毁损、灭失的，保管人应当承担赔偿责任。因仓储物本身的自然性质、包装不符合约定或者超过有效储存期造成仓储物变质、损坏的，保管人不承担赔偿责任。

在委托合同中，有偿的委托合同，因受托人的过错造成委托人损失的，委托人可以请求赔偿损失。无偿的委托合同，因受托人的故意或者重大过失造成委托人损失的，委托人可以请求赔偿损失。受托人处理委托事务时，因不可归责于自己的事由受到损失的，可以向委托人请求赔偿损失。

《民法典》在一些具体的典型合同中也规定了特殊的免责事由。例如，承运人应当对运输过程中旅客的伤亡承担赔偿责任；但是，伤亡是旅客自身健康原因造成的或者承运人证明伤亡是旅客故意、重大过失造成的除外。承运人对运输过程中货物的毁损、灭失承担赔偿责任。但是，承运人证明货物的毁损、灭失是因不可抗力、货物本身的自然性质或者合理损耗以及托运人、收货人的过错造成的，不承担赔偿责任。

3）允许当事人约定免责或限制责任

根据自愿原则，《民法典》承认当事人之间自愿协商一致的免责或者限责条款的效力，如果当事人事先约定免除非因故意或者重大过失造成对方财产损失的条款，除法律另有规定外，是有效的。例如，当事人约定减轻或者免除出卖人对标的物瑕疵承担的责任，因出卖人故意或者重大过失不告知买受人标的物瑕疵的，出卖人无权主张减轻或者免除责任。

应当注意的是，虽然违约责任一般不以违约方的过错为前提，但是仍然需要以合同义务的违反为前提。

案例

诉网店拒绝发货获赔偿案

小刘在某电商平台的年中大促活动中，花费2.7万多元在一家网店购买了两台摄影设备。确认订单后，网店却以商品售罄为由拒绝发货，但商品页面仍长期显示有货。小刘表示可以等待商家补货后再发货，但网店坚决不同意。多次沟通无果后，小刘通过电商平台和12315进行投诉，但网店态度依然强硬。最终，小刘选择将网店诉至法院。

法院经审理查明，小刘与网店通过电商平台自愿订立的网络购物合同有效。在小刘完成付款后，网店以无货为由明确拒绝供货，构成根本性违约，应承担违约责任。网店在商品售罄后未及时下架商品，也未积极筹措货源以完成交付，反而单方面以超卖为由拒绝履行交付义务，明显违反交易诚信原则。

综合考虑商品市场价格波动、网店促销活动中的不诚信行为以及同类商家页面显示的涉案商品单价与小刘已付货款的差额等因素，法院判决网店返还小刘已支付的2.7万多元货款，并酌情赔偿小刘2万元损失。

思考与练习

1. 简述电子商务合同的概念，并指出其与传统书面合同的主要区别。
2. 在签署电子商务合同时，为确保自身权益不受损害，应注意哪些关键问题?
3. 在电子商务合同中，要约与要约邀请存在哪些区别?
4. 在电子商务合同中，什么是承诺的生效? 什么是承诺的撤回?
5. 电子商务合同被认定为无效时，会产生哪些法律后果?
6. 电子商务合同履行的方式有哪些?
7. 电子商务合同违约的免责情形有哪些?

模块五 电子商务中的知识产权保护

学习单元 1　电子商务知识产权概述

学习目标

- **知识目标**

1. 熟悉知识产权的概念和特征。
2. 了解知识产权与电子商务的关系。

- **技能目标**

能够运用知识产权原理分析电子商务活动中的侵权行为。

学习导入

游戏模拟器网络知识产权侵权案

2020 年 7 月，原告 A 公司就其自主研发的策略类游戏 D 提起诉讼，指控被告开发的“T 模拟器”抄袭其游戏相关文字内容及图片，构成知识产权侵权及不正当竞争。此案成为我国首例涉及游戏模拟器的网络知识产权侵权案。

原告 A 公司主张，D 游戏中的文字内容和图片受到著作权法保护，而被告的“T 模拟器”未经许可使用了这些内容，严重侵犯了其著作权，并破坏了市场秩序。被告则辩称，“T 模拟器”使用的游戏系统是同类型游戏中普遍适用的计算机逻辑系统，并未侵权，也不构成不正当竞争。

法院经审理后认定，D游戏中的武将战法文字内容和卡牌角色图片具有独创性，受著作权法保护。而“T模拟器”确实使用了这些内容，侵犯了原告的信息网络传播权。然而，法院并未支持原告关于不正当竞争的诉求。最终，法院判令被告立即停止侵权行为，并赔偿原告150万元。2021年3月31日，二审维持了一审判决。

请思考

知识产权是什么？它有哪些核心特征？随着电子商务的迅猛发展，知识产权保护在其中扮演着怎样的角色？接下来，我们将一同深入学习本单元的内容，逐步探寻这些问题的答案。

相关知识

一、知识产权概述

1. 知识产权的概念

知识产权是基于创造成果和工商标记依法产生的权利的统称。知识产权的英文为“intellectual property”，也被翻译为智力成果权、智慧财产权或智力财产权。知识产权表面上可被理解为“对知识的财产权”，其前提是知识具备成为法律上的财产的条件。然而，知识的本质是一种信息，具备无体性与自由流动性。作为信息的知识一旦被传播，提供这一信息的人就无法对信息进行排他性的控制。那么由这一信息所表达的智力成果就不可能成为法律意义上信息创造者的财产。而知识产权法律制度通过赋予智力成果创造者排他性使用权和转让权，创造出了一种前所未有的财产权形式。

最主要的三种知识产权是著作权、专利权和商标权，其中专利权与商标权也被统称为工业产权。

2. 知识产权的特征

（1）客体具有非物质性

知识产权的客体是具有非物质性的作品、创造发明和商誉等，这些客体具有无体性，必须依赖于一定的物质载体而存在。知识产权的客体是物质载体所承载或体现的非物质成果。这就意味着，获得了物质载体，并不等于就享有了其所承载的知识产权；转让物质载体的所有权，并不等于同时转让了其所承载的知识产权；侵犯物质载体的所有权，也不等于同时侵犯了其所承载的知识产权。

（2）特定的专有性

专有性又称排他性，是指非经知识产权人许可或法律特别规定，他人不得实施受知识产权专有权利控制的行为，否则构成侵权。知识产权的专有性与物权的专有性存在诸多差异，表现在以下方面。

1）专有性的来源不同

作品、发明创造等非物质性客体无法像实体物品一样被实际占有，因此，人们往往难以自发地形成对创作者或创造者应当排他性控制知识产权利用的观念。然而，正是法律的强制性规定赋予了知识产权的专有性。

2）侵犯专有性的表现形式不同，保护专有性的方法不同

对物权专有性的侵犯一般表现为对物的偷窃、抢夺、损毁或以其他方式进行侵占，而对知识产权专有性的侵犯一般与承载智力成果的物质载体无关，而是表现为在未经知识产权人许可或缺乏法律特别规定时，擅自实施受知识产权专有权利控制的行为。

3）专有性受到的限制不同

知识产权受到的限制远多于物权，如《中华人民共和国著作权法》（以下简称《著作权法》）就规定了“合理使用”“法定许可”，均构成对著作权专有性的限制。此外，还有时间性、地域性的限制等。

（3）时间性

知识产权的时间性是指多数知识产权的保护期是有限的，一旦超过法律规定的保护期限就不再受保护了。创造成果进入公有领域，就成为人人都可以利用的公共资源。商标的注册也有法定的时间效力，期限届满权利人不续展注册的，也进入公有领域。

根据相关法律规定，除作者的署名权、修改权、保护作品完整权，或其他特殊规定外，一般著作权保护期限为 50 年。注册商标保护期限为 10 年。发明专利权保护期限为 20 年，实用新型专利权保护期限为 10 年，外观设计专利权保护期限为 15 年。

（4）地域性

知识产权的地域性，是指知识产权只在授予其权利的国家或确认其权利的国家产生，并且只能在该国范围内发生法律效力受法律保护，而其他国家则对其没有必须给予法律保护的义务。知识产权所有人对其智力成果享有的知识产权在空间上的效力并不是无限的，而要受到地域的限制。

3. 知识产权的类型

（1）专利权

专利权是指国家根据发明人或设计人的申请，以向社会公开发明创造的内容，以及发明创造对社会具有符合法律规定的利益为前提，根据法定程序在一定期限内授予

发明人或设计人的一种排他性权利。

（2）商标权

商标权是民事主体享有的在特定的商品或服务上以区分来源为目的排他性使用特定标志的权利。

（3）著作权

著作权是指自然人、法人或者其他组织对文学、艺术和科学作品享有的财产权利和精神权利的总称。

（4）商业秘密

商业秘密主要是指不为公众所知悉，具有商业价值，并经权利人采取相应保密措施的技术信息、经营信息等商业信息。

4. 知识产权的性质

（1）知识产权是一种民事权利

知识产权的产生、行使和保护，适用民法的基本原则和基本制度。

（2）知识产权客体具有非物质性

知识产权与相关权利的本质区别，在于知识产权客体的非物质性，表现在以下三个方面：①不发生有形控制的占有。②不发生有形损耗的使用。③不发生消灭知识产品的事实处分与有形交付的法律处分。

二、知识产权与电子商务的关系

电子商务与知识产权存在内在的、密不可分的联系，这种联系主要体现在以下几个方面。

1. 知识产权产品已成为电子商务中的一种主要交易对象

随着知识经济的兴起，知识产权产业已经崭露头角。这一产业以人才和知识等智力资源为核心要素。在有形商品贸易领域，那些蕴含高新技术、具有高附加值的高科技产品，常被冠以“知识产品”或“知识产权产品”之名。这些高科技产品，如集成电路、计算机软件等，蕴含着丰富的知识产权价值。在无形商品贸易领域，计算机软件、电影、视听作品、录音制品、文学作品等版权产业的产品则扮演着重要角色。简而言之，利用知识、信息和智力开发的知识产品所蕴含的知识财富，正逐渐成为创造社会物质财富的主要动力。这些知识产权产品不仅在商品交易中占据重要地位，更是电子商务中的主要交易对象。特别是版权产品，它们大多可以通过互联网进行“上传”和“下载”，实现便捷的网上交付，因此在电子商务交易中具有得天独厚的优势。

2. 电子商务为知识产权的获得提供了一种新的途径

在电子商务的影响下，一种新的知识产权获取方式——电子申请也应运而生。电子申请是指通过电子文件的形式，向国家知识产权主管行政机关递交知识产权确权申请。按照传统做法，这类申请（如专利申请、商标注册申请等）通常是以纸质文件作为递交的载体。

3. 电子商务中的内容广泛受到知识产权的保护

（1）电子商务作为一种利用电子数据处理技术来进行的贸易活动，其电子化运作模式的核心在于数据信息。这些数据信息的内容往往包含大量的文字、图形、声音、影像以及计算机程序等作品。这些作品的数字化形态及其在网络环境中的传播，均受到著作权法和相关权利法的保护。

（2）在互联网驱动的电子商务活动中，网站和网页上遍布着各式商标和其他标识。这些元素均可享受商标法等法律的保护。

（3）网络传输主要依赖于各种计算机程序和软件技术。这些技术和方法往往涉及技术秘密或专利技术，因此应受到专利法及相关法律的妥善保护。

学习单元 2　域名侵权行为与法律保护

学习目标

- **知识目标**

1. 了解域名纠纷的主要类别。
2. 掌握域名与商标的关系。

- **技能目标**

能够在实践中识别和应对域名侵权行为。

学习导入

擅自注册知名品牌官方网站域名纠纷案

A 公司，作为欧洲最大的时装集团之一，于 20 世纪 90 年代初推出 Z 品牌，并将其引入中国市场。经过多年的经营与发展，Z品牌在中国市场获得了极高的知名度和美誉度，占据了领先的市场地位。然而，自2009年以来，市场上出现了大量侵犯Z品牌知识产权的商品，其中客户投诉最多的是F网站销售的商品。

A公司调查发现，F网站自称是Z品牌中文网或Z品牌中文官方网站，在网站上大量使用Z品牌商标标识进行商品宣传、介绍和展示。同时，该网站还销售了150多种侵犯原告知识产权的服装商品，并获取了巨额利润。更令原告震惊的是，该网站于2007年注册了与原告商标极为近似的域名，明显属于恶意抢注行为。因此，A公司将该网站经营者诉至法院。

法院审理认为，F网站未经商标权人许可，在同一种商品的宣传、介绍和交易中使用与Z品牌相同或近似的商标以及销售侵犯上述商标专用权商品之行为，其足以导致相关公众误认网站域名、网站的所有人以及服装的提供者为商标权人A公司，构成对A公司合法权利的侵害。判令被告停止侵权、消除影响并赔偿经济损失及合理支出200万元，且由A公司注册使用涉案域名。

请思考

什么是域名？域名与商标之间有何联系和区别？域名是如何取得的？在什么情况下，域名可能会被终止？在电子商务活动中，如何识别和应对域名侵权行为？接下来，我们将一同深入学习本单元的内容，逐步探寻这些问题的答案。

相关知识

一、域名概述

1. 域名定义

域名（domain name），又称网域，是由一串用点分隔的名字组成的，代表互联网上某一台计算机或计算机组的名称。域名主要用于在数据传输时对计算机进行定位标识（有时也涉及地理位置的指示）。

2. 域名管理和注册机构

域名作为互联网的关键基础资源，在数字时代扮演着重要网络入口和人机交互标识的角色。它不仅具有商业性、战略性、公共性等多重属性，而且是推动互联网与经济社会各领域融合发展的基础支撑和关键动力。以下是一些常见的负责域名管理和注

册的相关机构。

（1）国际域名管理机构

ICANN，英文全称为 The Internet Corporation for Assigned Names and Numbers，即互联网名称与数字地址分配机构。该机构主要由互联网协会的成员组成，自 1998 年 10 月成立以来，一直负责接管与互联网相关的任务，包括管理域名和 IP 地址的分配等。

（2）我国域名管理机构

中国互联网络信息中心（China Internet Network Information Center，CNNIC）是于 1997 年 6 月 3 日经国家主管部门批准成立的管理和服务机构。它肩负着国家互联网络信息中心的职责，是我国域名注册的管理机构和域名根服务器的运行机构。CNNIC 负责运行和管理国家顶级域名 .CN 以及中文域名系统，以专业技术为全球用户提供域名注册、域名解析、域名查询等持续稳定的服务。

（3）域名注册服务机构

新网作为国内首批同时获得互联网名称与数字地址分配机构和中国互联网络信息中心双重认证的域名注册服务机构，在业界享有盛誉。新网连续多年荣获 CNNIC 颁发的金牌注册服务机构荣誉，为用户提供包括域名注册、域名解析、域名查询、域名交易等在内的全方位域名服务解决方案。

二、域名纠纷

域名纠纷是互联网时代新兴的法律纠纷形式。域名，作为对应于互联网数字地址的层次结构式网络字符标识，从技术层面来看，仅仅是连接在互联网上各台计算机的地址。然而，域名同样担当着网络用户和网站所有者之间的沟通桥梁，因此具有显著的经济价值。

1. 域名纠纷的产生原因

（1）域名蕴含着巨大的商业价值

域名被誉为“网络商标”。随着电子商务的蓬勃发展，域名作为网络地址，不仅承载着定位导航的功能，更成为重要的身份象征。它将网络服务提供者与域名紧密相连，有效区分了域名持有者及其所提供的产品或服务。一个运营良好、维护得当的域名蕴含着巨大的商业价值，既有助于塑造域名持有者的良好形象，也能推动网站产品和服务的市场推广。对于企业而言，注册一个简洁易记，与企业名称、商标及其服务、产品紧密相关的域名，对于提升企业形象和推广产品具有极大裨益。

在信息经济时代，注意力成为稀缺资源。当有人将物理世界中已建立起良好商誉的商标、商号、知名商品特有名称等商业标识直接注册为域名时，便能借助这些知名商业标志长期积累的商誉，吸引公众的关注。这种做法能够将知名商业标识的用户黏性迁移到网络世界，占据网络平台的市场份额，在提升网站知名度的同时，提高网站的点击率和流量，从而大幅降低广告成本。这种潜在的经济利益驱动了对具有稀缺性和高商业价值的域名的激烈争夺。

（2）相关权利人对域名运营的忽视

商业标识持有人忽视域名运营是造成域名纠纷的另一重要原因。在域名刚刚兴起的时候，其潜在的商业价值并未被大多数人所认识，因此很多人没有重视域名的申请、注册及保护工作。许多企业和个人专注于产品或服务的经营，受其技术和思维限制，缺乏注册和保护域名资源的意识，这使得商业标识持有人在域名申请注册方面失去了先机。每当新的域名类别开放申请时，如果不及时注册相应的域名，就可能面临被他人抢注的风险。

2. 域名纠纷的主要类型

域名纠纷是互联网纠纷案件中的一个典型类别。由于域名对于企业的互联网服务开展具有至关重要的作用，因此，一些不法分子可能会抢注相似域名，诱导用户访问虚假官网进行消费。下面，我们一起来了解一下域名纠纷的主要类型。

（1）域名抢注

这是指将他人已有一定知名度的商号或商标大量注册为域名，并试图以高价卖回给原权利人。例如，广州某公司就曾在“.cn”域名下抢注了肯德基、可口可乐、宝马等 20 多个国际知名商标作为域名，并标价出售。

（2）注册并使用假冒域名

这种行为涉及注册并使用与他人注册商标或商号相似度极高的域名，以达到假冒或淡化原品牌的目的。

（3）由域名引发的权利冲突

这类冲突源于域名的唯一性与同一商标、商号可能存在多个权利人的矛盾。在我国，按照《中华人民共和国商标法》（以下简称《商标法》）的规定，通常只有在未经商标注册人许可的情况下，在同一种或类似商品上使用与其注册商标相同或近似的商标才构成侵权。因此，“中华”“长城”“梅花”等商标被多家企业注册为商标。当有人注册的域名与这些广泛注册的商标发生冲突时，就不仅仅是域名与商标之间的冲突了，还涉及商标注册人之间的相互冲突。

3. 域名争议解决机制

域名作为企业在线身份的标识，其重要性不言而喻，且日益受到重视。然而，随着域名的商业价值不断提升，域名权属的争议也愈演愈烈。为解决这些争议，通常有

以下几种途径可供选择。

（1）当事人友好协商

域名纠纷本质上属于民事纠纷，因此，当事人双方完全可以在平等自愿的基础上，通过友好协商来寻求纠纷的妥善解决。

（2）向经中国互联网络信息中心认证的争议解决机构投诉

当事人也可以选择向经中国互联网络信息中心认证的争议解决机构进行投诉，由这些专业机构来受理并调解纠纷。需要注意的是，这种方式主要适用于由中国互联网络信息中心负责管理的域名的争议解决。

（3）利用 ICANN 的域名仲裁机制

ICANN 制定的《统一域名争议解决政策》及其实施细则，为域名权属争议提供了一种快速、高效的仲裁方式。根据该政策，投诉方可以选择在 ICANN 授权的仲裁机构进行仲裁，由行政专家组进行裁决。这种方式的显著优点是节省时间和成本，能有效避免冗长复杂的法律诉讼过程。

（4）通过司法途径解决

虽然仲裁机制在理论上看起来高效可行，但在实际操作中仍可能遇到一些挑战。有时，仲裁结果并不能得到所有当事人的认可，这可能会导致进一步的法律诉讼。

三、域名的法律特征和保护期

1. 域名的法律特征

域名的法律特征见表 5-1。

表 5-1　域名的法律特征

要点	具体内容
标识性	域名主要通过识别性标记来区分网络上的不同计算机，方便网络寻址和信息传输。与商标标识的显著性要求不同，域名的标识性要求较低，只需要存在细微差别即可
唯一性	域名的唯一性是绝对的、全球性的，这一特性由网络覆盖的全球性和 IP 地址分配的技术性决定。与商标、商号等传统标识可能因行业、商品差异存在重复不同，域名始终保持全球唯一
排他性	域名的排他性是其唯一性的延伸与保障。任何注册的域名都具备全球通用效力，且“先申请先注册”的原则确保了一个域名只能被成功注册一次，使得域名在全球范围内具有排他性

2. 域名与商标的关系

域名属于网络地址的范畴，受国际域名使用管理规范及其他相关法律规范调整。商标则是用于区分产品或服务来源的标志，受商标法及其他相关法律规范的约束。此外，域名和商标的保护期限也有所不同。

在电子商务迅猛发展的今天，特别是“互联网 +”时代已经全面融入我们的生活，为了增强相关产品、服务或其他内容与其提供者的联系，提升电子网络空间中的宣传推广效果和影响力，以及提高主体的识别度，企业通常会利用在线下生产经营活动中已经形成一定影响力，承载了产品或服务美誉度、企业商誉或声誉，并具备广告效应的元素，如企业商号或字号、商标及其简称、谐称、拼音等，来作为主体域名。需要明确的是，这里所说的域名指的是二级域名，即在一级域名如“.com”等下面的具体域名。在电子商务时代，二级域名这种在电子网络空间中代表主体身份的网络标识名称的重要性愈发凸显。与此同时，利用域名侵犯他人注册商标专用权的事件也屡屡发生，并呈现出密集的趋势。

3. 域名的保护期

在互联网时代，域名已成为企业网上品牌不可或缺的组成部分。而域名保护期则是维护企业品牌权益的关键措施。

（1）域名保护期的概念

域名保护期指的是，当客户注册或续费域名时，可以选择的注册或续费的最长期限。换句话说，企业在购买一个域名后，需要支付一定费用才能在未来特定的时间内持续使用该域名。若企业未能及时续费，可能会导致域名失效，甚至面临被他人抢注的风险。

（2）域名保护期的时长

域名保护期的长短可能因不同机构和规定而有所差异。通常情况下，域名保护期介于 1 年到 10 年之间。例如，在中国，域名保护期最长可达 10 年；而在美国，域名保护期则为 5 年。在某些国家如加拿大和英国，域名保护期甚至可以延长到 40 年。

（3）延长域名保护期的重要性

第一，保护企业的品牌形象和声誉。若企业未及时续费，域名可能被他人抢注，这不仅会影响企业的市场份额，还会损害企业的品牌形象和声誉。

第二，节省资金和时间成本。若企业每年都需要为域名续费，可能会增加企业的资金和时间成本。通过延长保护期，企业可以降低续费成本和人力成本，同时避免因忘记续费而失去域名。

第三，提高网站的稳定性和安全性。延长保护期可以避免因忘记续费等原因导致

域名失效，进而减少业务中断和数据丢失的风险，提高网站的稳定性和安全性。

（4）注意事项

第一，不要等到域名保护期临近结束才续费，以免错过续费时机，导致域名失效。

第二，不要将域名保护期设置得过短。过短的保护期可能会增加企业的续费成本和人力成本，同时增加忘记续费的风险。

第三，确保注册的域名信息准确无误。错误的域名注册信息可能导致域名失效和无法续费。

案例

域名恶意跳转案

广州A信息科技有限公司（以下简称A公司）发现其品牌相关的域名被非法跳转至竞争对手的B直播平台。在多次交涉无果后，A公司向广州互联网法院提起了诉讼，要求域名持有人刘某及域名解析服务提供商承担侵权责任。

经过审理，法院认定域名持有人刘某在明知B直播平台与A公司存在竞争关系的情况下，仍恶意将被诉域名跳转至B直播平台，构成对A公司的侵权。同时，法院也认定域名解析服务提供商在收到侵权通知后，未能及时采取有效措施停止对侵权域名的解析服务，仅进行了“转通知”行为，因此对域名解析跳转损害的扩大部分应与刘某承担连带责任。

学习单元3　电子商务中的商标侵权与保护

学习目标

知识目标

1. 了解商标权的概念和特征。
2. 掌握商标权取得的方式和权利范围。

技能目标

能够运用商标权原理分析电子商务活动中的商标侵权行为。

学习导入

商标侵权纠纷

2015 年 4 月，广州市 A 公司因商标权问题，将北京 B 公司诉至法院。A 公司声称拥有“DD”和“EE”等相关商标注册权，而 B 公司在其“EE 打车”服务中显著使用了“DD”和“EE”字样，涉嫌商标侵权。

A 公司主张 B 公司的行为侵犯了其商标权，要求法院判令 B 公司停止侵权行为并消除影响。然而，在一审判决中，法院并未支持 A 公司的诉求。法院经审理认为：从商标标识本身来看，原告 A 公司的商标显著性相对较弱，与被告 B 公司使用的标识存在明显区别。双方所提供的服务类别并不构成近似，即服务范围不重叠。原告未能提供充分证据证明其在核定范围内对商标进行了商标性使用，且相对于被告大量使用并形成的稳定消费群体，二者难以构成混淆。最终，一审判决驳回原告 A 公司的全部诉讼请求，认定 B 公司的行为并未构成对 A 公司商标权的侵犯。

请思考

什么是商标权？它具有哪些核心特征？商标权可以通过哪些方式取得？取得商标权后，权利人的权利范围是怎样的？如何运用商标权原理来分析电子商务活动中可能出现的商标侵权行为？接下来，我们将一同深入学习本单元的内容，逐步探寻这些问题的答案。

相关知识

一、商标

商标是用以识别和区分商品或者服务来源的标志，可以是文字、图形、字母、数字、三维标志等，或者是上述要素的组合，并且商标还可以具有特定的颜色。消费者通过识别商标，能够判断并选择商品或者服务的提供者。经过国家正式注册的商标被称为“注册商标”，并受到法律的保护。

禁止注册为商标的标志如下。

（1）同中华人民共和国的国家名称、国旗、国徽、国歌、军旗、军徽、军歌、勋

章等相同或者近似的，以及同中央国家机关的名称、标志、所在地特定地点的名称或者标志性建筑物的名称、图形相同的。

（2）同外国的国家名称、国旗、国徽、军旗等相同或者近似的，但经该国政府同意的除外。

（3）同政府间国际组织的名称、旗帜、徽记等相同或者近似的，但经该组织同意或者不易误导公众的除外。

（4）与表明实施控制、予以保证的官方标志、检验印记相同或者近似的，但经授权的除外。

（5）同“红十字”“红新月”的名称、标志相同或者近似的。

（6）带有民族歧视性的。

（7）带有欺骗性，容易使公众对商品的质量等特点或者产地产生误认的。

（8）有害于社会主义道德风尚或者有其他不良影响的。

（9）县级以上行政区划的地名或者公众知晓的外国地名，不得作为商标。但是，地名具有其他含义或者作为集体商标、证明商标组成部分的除外；已经注册的使用地名的商标继续有效。

（10）仅有本商品的通用名称、图形、型号的。

（11）仅直接表示商品的质量、主要原料、功能、用途、重量、数量及其他特点的。

（12）其他缺乏显著特征的。

（13）以三维标志申请注册商标的，仅由商品自身的性质产生的形状、为获得技术效果而需有的商品形状或者使商品具有实质性价值的形状。

二、商标权

1. 商标权的概念

商标权，也称为商标专用权，指的是由商标主管机关依法赋予商标所有者的独占权利。一旦商标依法注册，即受到国家法律的保护。商标的注册者享有对商标的支配和使用权，未经其许可，他人不得擅自使用该商标。商标权涵盖了商标注册人对注册商标的排他使用权、从中获益的权利、处置权、续展权以及防止他人侵犯的权益。

2. 商标权的特征

（1）专有性

商标的注册者对其注册的商标拥有独占权。一旦获得商标权，注册者即对其商标具有排他性控制，他人无权干涉。未经注册者许可，任何人不得擅自使用该注册商标。

（2）时效性

商标权并非永久有效，而是有一定期限的。在有效期内，注册商标受到法律的保护。但若超过有效期且未办理续展手续，则该商标将不再受法律保护。

根据《商标法》的规定，注册商标的有效期为 10 年，自核准注册之日起计算。在期满前的 12 个月内，可以办理续展。若在此期间未能办理的，可以给予 6 个月的宽展期。

（3）地域性

商标权仅在特定区域内受到法律保护。具体而言，注册商标仅在注册国受到法律庇护，注册国之外的国家和地区则无保护该商标的义务。若要在其他国家获得法律保护，必须在该国进行注册。

（4）财产性

商标权属于无形资产的一种。商标的形成凝聚了权利人的智力和体力劳动成果，是一种智慧的结晶。与有形的物质财富不同，商标的载体本身价值有限，但其蕴含的无形价值却是巨大的。

3. 商标权的取得

商标权的取得，指的是获取商标权的方式，主要包括原始取得和继受取得两大类。

（1）原始取得

商标权的原始取得，也称为直接取得，意味着商标是源于自己的创新设计，而非派生自他人的商标权。

1）通过使用获得商标权

商标权的使用取得遵循“使用在先”的原则，即商标的首先使用者将拥有该商标权。

2）通过注册获得商标权

商标权的注册取得依据“谁先申请，商标权归谁”的原则。通过注册，商标所有者方能获得受法律保护的商标权。即使商标的最初使用者另有其人，只要其未及时注册，商标权便归注册者所有。

但需注意，驰名商标是个例外。驰名商标不能直接申请，而只能在处理商标相关案件时，由行政机关或法院根据需要进行认定。

（2）继受取得

继受取得，又称传来取得，指的是商标权并非由当前商标所有人最先注册获得。商标转让和商标继承是其主要方式。

1）商标转让

商标的出让人可以有偿或无偿地将商标专用权转让给受让人，并需签订商标转让

合同。商标作为一种无形资产，具有可转让性。

2）商标继承

商标权如果属于公民个人，该公民去世时，其商标权可作为遗产进行继承或遗赠。商标继承即指根据继承法的相关程序和规定，由继承人继承已故被继承人的商标权。需注意的是，企业、事业单位享有的注册商标专用权不能作为个人遗产被继承，只能进行转让。而个体工商业者注册的商标权则可作为财产权利继承。在商标有效期内，若商标注册人去世，其继承人需及时向商标局申报以更改注册登记并变更注册人名称。继承后的商标权同样包括转让、许可他人使用并收费等权利。若商标受到侵犯，继承人也有权请求停止侵害并获得赔偿。在注册商标专用权期限内，继承人可以继承并申请续展以维持专用权；若未申请续展，则将丧失该权利。

案例

商标权纠纷案

2001年，中国的A公司在中国及全球多个国家注册了D商标，用于生产一种互联网个人接入设备，但因经营不善破产。8年后，当B公司与D商标的同名商品进入中国时，已破产的A公司（其商标权尚未到期）起诉B公司商标侵权。此案经过三次开庭，最终B公司败诉。2012年6月，广东省高级人民法院判定B公司需支付6 000万美元以解决D商标纠纷。

这一案例突显了商标注册的重要性，即使是知名度极高的B公司，也因未先注册D商标而不得不支付高额费用。

4. 商标权的终止

商标权的终止是指注册商标权人失去商标的专用权，其商标不再受到法律保护的状态。注册商标可能因注销或撤销而导致商标专用权的终止，具体情况包括以下几种。

（1）注册商标法定有效期限届满，若未办理续展注册手续，将导致注册商标的注销，从而使商标权终止。

（2）商标注册人主动申请注销其注册商标，进而造成商标权终止。

（3）由于注册商标争议，商标评审委员会裁定撤销该注册商标，导致商标权终止。

（4）商标注册人因故死亡或企业终止经营，从而导致商标权终止。

（5）由于商标注册存在不当之处，商标局或商标评审委员会可能裁定撤销该注册，

进而造成商标权终止。

（6）商标注册人若违反商标法相关规定，商标局有权撤销其注册商标，从而导致商标权终止。

三、商标的侵权方式

1. 商标的一般侵权方式

（1）未经商标所有人允许，在相同或类似的商品或服务上使用与其相同或相似的商标，导致公众产生误解的行为。例如，“康帅傅”冒充“康师傅”，就是一种典型的侵权行为。

（2）明知是假冒注册商标的商品却仍然公然销售的行为。

（3）伪造或擅自制造他人注册商标标识，并进行销售的行为。

（4）故意为侵犯注册商标专用权的行为提供帮助和便利条件的行为。

（5）任何给他人的注册商标专用权造成实质性损害的行为。

2. 电子商务中的商标侵权形式

在电子商务环境中，商标侵权是指通过网络交易或利用网络技术等手段侵犯他人商标权，以获取不正当利益的行为。

（1）商标域名侵权

每个域名注册都是独特且不可重复的。通过抢先注册并使用与知名品牌相似的域名，伪装成原有品牌的网址，构成侵权行为。例如，若某网站的域名为“taobao.com”，而有人用“taobaobao.com”或“taobao.net”等相似域名进行注册，并在网页上模仿该网站发布信息，误导消费者，则构成侵权。

（2）链接转接侵权

一些网络经销商或网站为了销售自己的产品，会将其产品信息链接到访问量较大的网站，以此误导消费者。例如，在知名网络平台的页面上使用知名品牌的文字和图标，但实际链接却指向自己的商品页面，让消费者误以为是知名品牌的商品，从而增加销量。这种行为也构成侵权。

（3）宣传广告侵权

根据《商标法》的规定，广告宣传中禁止使用“驰名商标”等字样。然而，在电子商务平台上，这类不合法的宣传仍然屡见不鲜。《商标法》明确规定：生产、经营者不得将“驰名商标”字样用于商品、商品包装或者容器上，或者用于广告宣传、展览以及其他商业活动中。

3. 电子商务中商标权侵权的特殊性

由于电子商务的特殊性质和网络环境的错综复杂性，电子商务领域中的侵权形式显得更为多样化和特殊化。

（1）商标侵权已突破地域限制

传统商标的注册具有明确的地域性限制，其保护范围通常仅限于注册所在国家或地区。然而，随着网络技术的迅猛发展，全球联系日益加强，在电子商务平台上，商标侵权行为逐渐跨越国界，网络传输的便捷性也为商标盗用者提供了可乘之机。

（2）侵权手段日趋多样化

诸如域名抢注、竞价排名欺诈、恶意链接等新型侵权手段已成为网络环境下商标侵权的独特表现。

（3）商标权的专有性受到挑战

在传统环境中，即使是同名商标，如“长城汽车”与“长城润滑油”，消费者也能根据商品类别加以区分。然而，在电子商务平台上，仅通过“长城”这一关键词，消费者往往难以准确判断具体指向哪个品牌，从而增加了消费者的辨识难度。

四、防止商标侵权的策略

1. 提升商标权人的法律意识

商标作为一种无形资产，一旦被侵犯，将给企业带来难以估量的损失。在当今品牌消费主导的市场环境下，企业的知名度与其商标的价值紧密相连，商标无疑成为企业软实力的重要体现。因此，商标权人必须学会运用法律武器来捍卫自己的合法权益。

（1）在主要销售区域注册商标

由于商标注册具有地域和国别的限制，其保护范围仅限于注册地区。然而，电子商务的兴起打破了地域界限，因此在商标权保护上应更加注重全球范围内的保护策略。

（2）尽早注册企业或服务的域名

鉴于目前无法明确认定域名抢注的违法性，企业应尽早进行域名注册，以避免未来可能出现的域名争议。比如，阿里巴巴公司在创立初期就发现 alibaba.com 的域名已被注册。在以 10 000 美元购得该域名后，公司又注册了 alimama.com 和 alibaby.com 等域名，以预防未来的域名纠纷。

（3）建立商标识别体系

通过增强商标的辨识度，可以降低消费者购买到假货的风险，从而将商标侵权造成的损害最小化。例如，可以在商标中加入水印、数字化图形等防伪元素。

（4）加强商标权人的维权观念

一旦发现自己的商标被侵权，商标权人应及时向市场监督管理部门和人民法院提出申请，要求停止侵权行为，并学会利用法律武器保护自己的权益。

2. 建立电子商务商标侵权举报制度

电子商务商标侵权具有隐蔽性，对于被侵权者来说，往往难以察觉，通过群众举报的方式，可以及时发现和预防商标侵权行为。

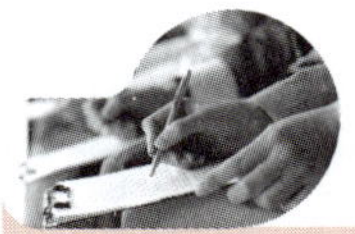

案例

中国跨境电商企业在美频遭商标侵权诉讼

近年来，随着中国跨境电商企业在美国市场的份额不断增长，这些企业面临的法律风险也随之上升。特别是商标侵权诉讼，已成为中国跨境电商企业在美国面临的一大挑战。大量中国卖家在亚马逊等电商平台上销售商品，但由于对境外商标法律的不了解或疏忽，导致频繁被美国注册商标权利人提起商标侵权诉讼。

原告通常是美国的注册商标权利人，会批量起诉涉嫌侵权的中国卖家。他们利用美国法律程序，如申请临时禁令和缺席判决，迅速获得法院的有利判决。而中国卖家往往由于不熟悉美国法律程序和不能及时应对，导致账户被冻结，商品被下架，甚至需要支付高额的和解费或法定赔偿金。

中国跨境电商企业应加强对境外商标法律的了解，确保在销售商品时不侵犯他人的商标权。企业应建立完善的知识产权风险防控机制，包括定期检查销售商品是否侵犯他人知识产权，以及及时应对可能的诉讼风险。在面临诉讼时，中国跨境电商企业应积极委托律师应诉，而不是被动等待缺席审判。通过积极应诉，企业有机会为自己辩护并争取更有利的结果。中国跨境电商企业可以加强与行业协会、律所等机构的合作，共同应对境外的知识产权诉讼风险。

学习单元 4　电子商务中的著作权侵权与保护

学习目标

- **知识目标**

1. 了解著作权的概念和特征。
2. 掌握著作权侵权行为的类型条件。

- **技能目标**

能够运用著作权原理分析著作权侵权行为。

学习导入

团购电商著作权之争

A 网和 B 网两大电子商务团购巨头，自 2014 年起就图片侵权问题展开了一场法律诉讼。B 网曾宣布在侵权案件中胜诉 A 网，然而 A 网随后以相同的理由将 B 网告上法庭。经过上海市徐汇区人民法院的审理，最终判决 B 网因盗取 A 网团购图片而构成侵权，需赔偿 A 网经济损失及合理开支共计 4.94 万元，并立即删除侵权的 90 张团购图片。

请思考

什么是著作权？常见的网络著作权侵权行为有哪些类型？如果著作权受到侵犯，著作权人可以通过哪些途径来寻求救济？接下来，我们将一同深入学习本单元的内容，逐步探寻这些问题的答案。

相关知识

一、著作权的概念

著作权，也被称为版权，指的是作者对其所创作的文学、艺术和科学技术作品享有的专有权利。这种权利是公民、法人依法拥有的一种民事权利，归类为无形财产权。

网络著作权则是指著作权人对那些在著作权法保护下的作品，在网络环境中应享有的权利。从这一概念出发，网络著作权实际包含两个层面的意义。

首先，相对于传统作品而言，当这些作品被上传到网络时，著作权人便拥有了一定的权利，这里特指“信息网络传播权”。

其次，网络著作权还涉及网上数字作品著作权人所应享有的各项权利，这些权利包括但不限于复制权、发表权、署名权以及发行权等。

二、著作权的特征

1. 独创性

独创性，亦称原创性，指的是作品一旦由作者独立创作完成，即自动享有著作权。在网络环境中，数字化作品的公开传播极为便捷，复制也变得更加容易，这无疑增加了对作品独创性判断的难度。

2. 专有性

专有性，也称为排他性，意味着在未经著作权人明确许可的情况下，他人不得以营利为目的使用其著作内容。在电子商务的背景下，由于著作权人的身份往往难以确定，购买者更难知晓真正的著作权人是谁。署名权认定的困难在一定程度上也加剧了著作权人专有权利的受损风险。

3. 地域性

地域性指的是作品在哪国受到法律保护，其著作权就只在该国区域内有效。例如，一部作品若在中国享有著作权，并不意味着它在国外也自动享有相同的权利。然而，随着网络技术的迅猛发展，产品信息的流动变得异常简单和迅速，信息能够在全球范围内快速传播。由于各国著作权法的相关规定存在差异，这种跨国的信息传播对著作权的地域性特征构成了巨大的挑战。

三、作品的种类

著作权法所称的作品，是指文学、艺术和科学领域内具有独创性并能以一定形式

表现的智力成果。主要包括以下内容。

（1）文字作品。

（2）口述作品。

（3）音乐、戏剧、曲艺、舞蹈、杂技艺术作品。

（4）美术、建筑作品。

（5）摄影作品。

（6）视听作品。

（7）工程设计图、产品设计图、地图、示意图等图形作品和模型作品。

（8）计算机软件。

（9）符合作品特征的其他智力成果。

拓展阅读

数字音乐版权和音乐版权的区别

音乐版权是指音乐作品创作者依据著作权法对其创作的音乐作品享有的专有权利，而数字音乐版权则特指音乐作品在数字化形式下的版权，这一权利同样受到我国著作权法的保护。尽管两者都涉及音乐作品的权益，但存在以下显著区别。

（1）授权对象差异

音乐版权主要涉及音乐作品的出版相关权益。出版者有权将这些权利授权给他人，具体包括但不限于表演权、复制权以及网络传播权等。相对而言，数字音乐版权聚焦于音乐作品的数字化相关权益，例如网络音乐的下载权限。

（2）保护目的不同

音乐版权的核心目的是捍卫著作权人在出版方面的专有权益，确保其权利不受任何侵犯。而数字音乐版权则旨在保护数字音乐版权持有人在法律框架内享有的各项操作权限，以维护其权益不受侵犯。

（3）权益范围有别

音乐版权的涵盖范围相当广泛，包括版权人依法享有的所有著作权。相较之下，数字音乐版权的范围则更为单一，仅限于音乐作品在数字领域的相关权利。

四、常见的网络著作权侵权行为

1. 擅自将网上的作品下载并发表在传统媒体上

擅自将网上的作品下载并发表在传统媒体上，指的是未经网络作品权利人的许可，擅自将网络内容下载后通过传统媒体进行传播的行为。

网络作品主要有两种形式：一种是通过扫描等方式，将原本存在于纸质、磁带等传统媒体上的内容转化为数字形式上传到网络；另一种则是直接在网络平台上创作并传播的作品。只要这些网络作品能够体现独特的思想和情感，具有创造性，且能以一定的客观形式复制和传播，它们都应享有相应的版权保护。

案例

四川成都某报社的侵权案

四川成都某报社没有经过陈某的同意，将陈某以 FY 为笔名，在其个人网页上发表的《浅谈 ××》一文下载后刊登到自己的报刊上。经过法院审理，判定四川成都某报社的行为侵犯了陈某的网络作品版权，需依法进行赔偿。

2. 擅自将传统媒体上发表的作品在网站上传播

该行为具体指的是在未经传统媒体上发表的非数字化作品的版权人许可的情况下，擅自将其作品数字化并在网络上进行传播。这种行为并未对作品内容进行任何改动，也未涉及独立创作，而仅仅是改变了原有作品的表现形式和传播手段。然而，尽管内容和形式未变，但此类行为依然构成侵权。

案例

上海某通信技术公司侵犯著作权案

上海某通信技术公司在没有经过《温暖 ××》《×× 长路》等几个作品作者授权的情况下，将他们的作品登载在其公司网站的主页上，以增加其网站的点击率，经几位作者的联名上告，最终被法院判为侵权。

3. 因链接而产生的侵权

链接是在网络中从一个网页（或文档）导向另一个目标的方式，该目标可以是另一个网页、文档、图片、文本或应用程序。对于浏览者来说，链接在两个内容之间扮演着桥梁的角色，使得浏览者能够直接跳转到另一个目标。然而，这种桥梁的建立并不需要被链接者的协助，设置链接的人完全有可能在被链接者毫不知情的情况下完成链接的设置。正因如此，在许多情况下，未经被链接者的同意，设置链接者私自链接被链接者的网页、图片、文档等内容，这样的行为实际上已经侵犯了他人的网络著作权。

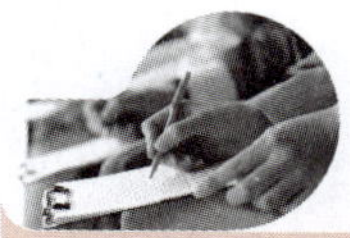

案例

新闻链接侵权案

“×× 时报案”是全球首起因链接而引发的知名侵权案件。×× 时报在其官方网站上发布了报纸印刷版的内容及广告，并通过设置链接使读者能够便捷地阅读相关内容。然而，×× 新闻在未经 ×× 时报许可的情况下，私自将 ×× 时报的标题复制到自己的网页上，并设置了链接。当读者点击这些标题时，页面会自动跳转到 ×× 时报的网站。但许多不知情的读者误以为他们仍在 ×× 新闻的网站上浏览新闻。

法院经过审理后裁定，×× 时报的文章标题构成独立的文字作品，应受著作权法的保护。而 ×× 新闻通过不当手段设置链接，造成读者误以为仍在其网站上阅读的假象，构成了对 ×× 时报著作权的侵犯。

4. 网页作品的著作权侵权

一个经过精心设计的网页能够迅速吸引大量访问者，进而提升网站的知名度，为网站带来更多的广告收益。因此，网页设计的质量对商业网站而言至关重要。然而，相较于投入大量人力和物力去设计一个出色的网页，简单地复制或抄袭一个网页的设计和栏目设置显然要容易得多。这也导致剽窃他人网页成为一种普遍现象。这种行为严重侵犯了原创者的权益，不利于行业的健康发展。

案例

AI 生成图片著作权纠纷案

2023 年年末，北京互联网法院就一起人工智能生成图片的著作权侵权纠纷作出一审判决，该案被视为 AI 生成图片相关领域的著作权第一案。

案件中，原告指控被告在其网络平台上发布了原告利用 AI 技术创作的图片，且去除了原告的署名水印，导致用户误认为被告是该作品的作者。被告则辩称，其发布的主要内容为原创诗文，并未商业使用涉案图片，且无侵权故意。

法院在审理过程中，首先确认了原告利用 Stable Diffusion 模型生成的图片具有一定的艺术性和独创性，属于著作权法保护的作品范畴。法院认为，虽然 AI 模型的设计者在模型的设计和训练过程中有智力投入，但这种投入是针对“创作工具”的生产，而非涉案图片本身。因此，设计者并非涉案图片的作者。

法院进一步指出，原告通过设定提示词、调整参数并最终选定满意的图片，体现了其个性化的智力投入和表达，因此原告是涉案图片的作者，享有著作权。

最终，法院判决被告侵犯了原告的署名权和信息网络传播权，需要承担相应的法律责任。同时，法院也强调，虽然原告享有著作权，但应遵循诚实信用原则，显著标注其使用的人工智能技术或模型，以保障公众的知情权。

五、著作权的合理使用

我国《著作权法》规定，在下列情况下使用作品，可以不经著作权人许可，不向其支付报酬，但应当指明作者姓名或者名称、作品名称，并且不得影响该作品的正常使用，也不得不合理地损害著作权人的合法权益。

（1）为个人学习、研究或者欣赏，使用他人已经发表的作品。

（2）为介绍、评论某一作品或者说明某一问题，在作品中适当引用他人已经发表的作品。

（3）为报道新闻，在报纸、期刊、广播电台、电视台等媒体中不可避免地再现或者引用已经发表的作品。

（4）报纸、期刊、广播电台、电视台等媒体刊登或者播放其他报纸、期刊、广播

电台、电视台等媒体已经发表的关于政治、经济、宗教问题的时事性文章，但著作权人声明不许刊登、播放的除外。

（5）报纸、期刊、广播电台、电视台等媒体刊登或者播放在公众集会上发表的讲话，但作者声明不许刊登、播放的除外。

（6）为学校课堂教学或者科学研究，翻译、改编、汇编、播放或者少量复制已经发表的作品，供教学或者科研人员使用，但不得出版发行。

（7）国家机关为执行公务在合理范围内使用已经发表的作品。

（8）图书馆、档案馆、纪念馆、博物馆、美术馆、文化馆等为陈列或者保存版本的需要，复制本馆收藏的作品。

（9）免费表演已经发表的作品，该表演未向公众收取费用，也未向表演者支付报酬，且不以营利为目的。

（10）对设置或者陈列在公共场所的艺术作品进行临摹、绘画、摄影、录像。

（11）将中国公民、法人或者非法人组织已经发表的以国家通用语言文字创作的作品翻译成少数民族语言文字作品在国内出版发行。

（12）以阅读障碍者能够感知的无障碍方式向其提供已经发表的作品。

（13）法律、行政法规规定的其他情形。

另外，《著作权法》规定，为实施义务教育和国家教育规划而编写出版教科书，可以不经著作权人许可，在教科书中汇编已经发表的作品片段或者短小的文字作品、音乐作品或者单幅的美术作品、摄影作品、图形作品，但应当按照规定向著作权人支付报酬，指明作者姓名或者名称、作品名称，并且不得侵犯著作权人享有的其他权利。

拓展阅读

ChatGPT 生成内容的著作权归属

ChatGPT，全名为 Chat Generative Pre-trained Transformer，是一种由人工智能技术驱动的自然语言处理工具。它能够根据预训练阶段学习到的模式和统计规律来生成回答，并且能够根据聊天的上下文进行互动，与人类进行自然而流畅的交流。ChatGPT 不仅能进行日常聊天，还能完成撰写邮件、视频脚本、文案、论文，翻译，编写代码等复杂任务。

那么，ChatGPT 生成的内容能否被视为“作品”，并且著作权归属于谁呢？根据我国《著作权法》的规定，作品被定义为文学、艺术和科学领域内具有独创性并能以一定形式表现的智力成果。因此，如果ChatGPT生成的内容具有独创性，并且符合“作品”的构成要件，那么它可以被认定为作品。然而，如果内容仅仅是简单数据的堆砌，缺乏独创性，那么它就无法被认定为作品。

关于ChatGPT产物的著作权归属问题，我们需要明确一点：受著作权保护的作品必须是由人类的头脑创造出来的。这是国际上著作权理论普遍遵守的一项基本原则，我国《著作权法》也体现了这一原则。因此，虽然使用AI技术创作的内容可以享有著作权，但这个权利并不归属于AI工具本身，而是归属于使用AI工具进行创作的创作者本人。

六、著作权侵权的法律保护

1. 调解

侵权行为发生后，双方当事人可以请版权行政管理部门、版权代理机构或其他第三方作为调解人，按照自愿原则，通过协商，达成协议，解决纠纷。

2. 行政投诉

损害社会公共利益的侵权行为，侵权者除了要承担相应的民事责任外，还可以由版权行政管理部门责令停止侵权行为。版权行政管理部门可没收违法所得，对侵权复制品进行没收、销毁，并可处以罚款；情节严重的，还可以没收主要用于制作侵权复制品的材料、工具、设备等。

3. 仲裁

被侵权人根据当事人达成的书面仲裁协议或者著作权合同中的仲裁条款，向仲裁机构申请仲裁。

4. 民事诉讼

当著作权人的著作权被侵犯时，可以依法向人民法院提起诉讼。根据《民法典》的相关规定，权利人应当在知道或者应当知道其权利被侵害之日起两年内向人民法院提起诉讼。

案例

“人工智能生成内容”与著作权保护

随着AI和大数据技术的日益发展，由其生成的文章等内容是否应受著作权法保护，成为热议的话题。2018年12月4日，北京互联网法院就北京A律师事务所（以下简称A律所）与北京B科技有限公司（以下简称B公司）之间的著作权侵权纠纷案进行了公开开庭审理。此案原被告双方均通过互联网诉讼平台远程参与了庭审，并围绕涉案作品是否应享有著作权展开了激烈的辩论。

案件始于2018年9月9日，当时原告A律所在其微信公众号上首次发表了《××行业大数据分析报告》。次日，被告B公司被指控在未经许可的情况下，在其运营的百家号平台上发布了该涉案文章，这被原告视为对其信息网络传播权的侵犯。此外，被告还被指控删除了文章的首尾段，涉嫌侵犯原告的保护作品完整权，同时删除署名则涉嫌侵犯原告的署名权。因此，A律所向法院提起诉讼，要求B公司公开赔礼道歉、消除影响，并在百家号平台发布道歉声明，同时赔偿经济损失1万元及合理支出560元。

在庭审中，被告B公司提出了反驳。他们认为涉案文章并不具备独创性，因为它是通过法律统计数据分析软件自动生成的，而非原告通过个人劳动创造，因此不应纳入著作权法的保护范围。被告还质疑了原告的适格主体身份，并指出原告提供的证据保全过程不符合法律规定，缺乏必要的公证文件来支持其真实性。此外，被告坚称百家号仅为一个信息存储平台，并未实施任何侵权行为，也未损害涉案文章的保护作品完整权。

尽管计算机软件智能生成的内容在法律上可能不被视为传统意义上的“作品”，但这并不意味着公众可以随意使用这些内容。法院在审理中指出，这类内容实际上蕴含了软件研发者和使用者的共同努力和投入，具有一定的传播价值，因此应当给予相应的权益保护。对此，软件开发者可以通过收取软件使用费来获得回报，而使用者则可以采用合理的方式在这些内容上标明其享有的相关权益。

在此案中，法院认定B公司未经授权在其平台上发布了涉案文章，这一行为侵犯了A律所的信息网络传播权。因此，法院裁定B公司必须连续48小时在指定平台上发布道歉声明，为A律所消除不良影响，并赔偿经济损失1 000元及合理费用560元。同时，法院驳回了A律所的其他诉讼请求。

思考与练习

1. 域名的保护期有哪些规定?
2. 举例说明不得注册为商标的标志有哪些。
3. 电子商务中商标侵权的特殊性体现在哪些方面?
4. 侵犯网络著作权的不法行为有哪些?
5. 我国著作权法规定的合理使用的情形有哪些?
6. 你自己、你的家人或朋友在日常生活中是否使用过涉及知识产权的产品或服务?请具体分析使用了哪种类型的知识产权，并思考在使用过程中是否存在侵权行为。

模块六 电子商务中的消费者权益保护

学习单元 1　电子商务消费者权益保护概述

学习目标

- **知识目标**

1. 了解消费者权益保护法的概念和特征。
2. 掌握在电子商务中消费者权益保护的特殊性。

- **技能目标**

1. 能够熟练辨别电子商务中的消费者权益。
2. 能够熟练运用法律武器来维护自己和他人在网络购物过程中遭受的权益侵害。

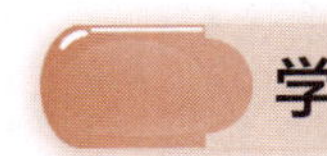
学习导入

谢某与程某网络购物纠纷案

2020 年 4 月 4 日，消费者谢某通过电商平台向卖家程某购买了一台价值 2 200 元的手机。然而，当谢某于 4 月 6 日收到商品后，发现收到的手机型号与订单不符。谢某立即通过聊天工具联系了程某，并发送了手机盒外包装的照片作为证据。

程某随后主动联系谢某，承诺重新补发正确的手机，并告知谢某无须退回原商品。然而，当谢某收到补发的商品时，却发现包裹内仅有手机配件而无手机，且包装有明显被重新封装的痕迹。此时，程某已删除电商平台上的相关链接，并拒绝了谢某的退款请求。

谢某因此将程某诉至法院。在诉讼中，谢某提交了一份由快递员提供的物流信息清单作为证据。经法院核实，该清单真实有效。清单显示，包裹在收件时标注的重量为 550 克，但在集散中心自动化分拣时的称重为 380 克。法院对谢某提交的快递包裹进行称重，结果为 375 克，而手机的标准重量为 188 克。由此可以推断，谢某收到的包裹中确实没有手机。

法院最终判决：程某需退还谢某 2 200 元的购物款，并按《中华人民共和国消费者权益保护法》（以下简称《消费者权益保护法》）的规定，给予谢某 3 倍赔偿款共计 6 600 元。同时，程某还需承担本案的诉讼费用。

请思考

什么是消费者权益保护法？消费者权益保护法有哪些特征？电子商务中消费者权益保护面临哪些特殊的挑战和需求？在电子商务交易中，我们应如何准确辨别和保护消费者的各项权益？接下来，我们将深入学习这一领域的相关法律法规，以更好地理解并保障电子商务中的各方权益。

相关知识

一、消费者权益保护法的概念和特征

1. 消费者的定义

消费者这一概念有广义与狭义之分。

广义上的消费者是指购买商品、使用商品或接受服务的人，包括自然人、法人或其他社会组织。

狭义的消费者是指为了满足生活需要而直接购买商品、使用商品或接受服务的居民个人，而不包括生产消费者。消费者权益保护法中所提到的受保护的消费者指的是狭义的消费者。

2. 消费者权益保护法的概念

消费者权益保护法是指对消费者提供特别保护的法律，是有关保护消费者在购买、使用商品或接受服务时应享有合法权益的法律规范的总称。

3. 消费者权益保护法的特征

消费者权益保护法的保护对象清晰明确，其特征亦相当显著。总体而言，它具有

以下几个显著特征。

（1）专门性

消费者权益保护法是一部专注于保护消费者在生活消费过程中各项权益的法律。它所保护的权益具有高度的针对性和突出的专门性。具体来说，包括以下几个方面。

1）消费者人身与财产安全不受损害的权利。

2）消费者对商品和服务真实情况的知悉权。

3）消费者对商品和服务的自主选择权。

4）消费者的公平交易权。

5）消费者的损害赔偿权。

6）消费者有权依法成立维护自身合法权益的社会团体。

7）消费者享有获取有关商品、服务和消费者权益保护方面知识的权利。

8）消费者的人格尊严和民族风俗习惯应得到尊重。

9）消费者对商品和服务以及保护消费者权益的工作享有监督权。

（2）实体性与程序性相结合

消费者权益保护法不仅明确规定了消费者的各项权利和经营者的具体义务；同时，也详细规定了解决消费纠纷的途径。

（3）经济性

消费者权益保护法主要是保护消费者的权益、规范经营者的经营行为，而消费者的日常消费行为和经营者的经营行为都属于经济行为，所以消费者权益保护法具有鲜明的经济性特征。

二、电子商务中消费者权益保护的法律问题

1. 电子商务中消费者的概念

电子商务中的消费者，与实体经济中的消费者在本质上并无显著差异，他们的主要区别仅在于交易方式的转变——由传统的线下交易转变为线上交易，同时购买平台和购买方式也随之发生了改变。

因此，可以将电子商务中的消费者定义为：为了满足个人生活需求，通过网络平台，采用电子商务模式在线上购买商品、使用商品或接受服务的居民个体。

2. 电子商务中消费者权益保护的特殊性

电子商务中的消费者权益保护与线下实体中的消费者权益保护存在差异，并具有其独特性。虽然传统的消费者权益保护法在电子商务环境中仍然适用，但电子商务消费者的网络环境赋予了其特殊的性质。仅仅依靠普通的消费者权益保护法，无法充分

应对电子商务在线交易的特殊性。电子商务的特殊性主要体现在以下几个方面。

（1）电子商务中的消费者无法直接触及商品

电子商务中的交易并非面对面进行，消费者无法直接接触和查看商品。商品的色泽、尺寸等信息仅能通过商家提供的描述、图片来获取，这使得消费者无法充分挑选和验证商品，也无法进行面对面的议价。若电子商务中的经营者未能充分披露交易标的的相关信息，或故意隐瞒商品信息，可能会导致消费者误解或受骗。经营者的不诚信行为还可能导致消费者付款后收到的货物与交易标的不符。因此，在电子商务中实现交易中的自愿、平等、公平和诚信原则，需要多方共同努力。

案例

社区团购团长承担销售者责任的认定

原告索某通过被告徐某组织的社区团购购买了商品，但在收到货物后发现实物与宣传不符。协商无果后，索某将徐某诉至法院。法院在审理后判决，本案涉及的群接龙微信小程序中的“帮卖”功能，虽然是一种新兴的线上销售模式，但其本质依然是以营利为目的，利用信息网络进行的商品交易行为，消费者与销售者之间构成网络购物合同关系。被告徐某，作为涉案商品的帮卖团长，以营利为目的持续性地对外销售商品，根据法律规定，应被视为销售者。

在审理过程中，法院发现被告在销售时使用了误导性的话语，导致消费者误以为能够以低价购买到正版商品。这种行为被认定为消费欺诈，因此被告需要承担3倍于购买价格的赔偿责任。

（2）电子商务中的交易不是即时结算的交易

在线交易中，常见的支付方式有三种。

一是消费者先通过信用卡或其他支付手段付款，经营者收款后再发货。

二是经营者先送货上门，消费者收货后再付款。

三是消费者先将款项支付给第三方，待收货并确认无误后，货款再从第三方转给经营者。

这三种支付方式均颠覆了传统的“一手交钱，一手交货”的交易模式。

3. 电子商务中消费者权益保护的主要法律问题

在网络环境下，消费者权益保护面临诸多挑战，如经营主体难以确定、证据模糊

不清、消费者权益易受侵害以及购物后的退货与索赔流程复杂等。

消费者相较于经营者而言，往往处于较为弱势的地位。在电子商务中，由于所有交易均需在虚拟环境下完成，电子商务及其消费者权益保护的独特性使得相关法律问题更加复杂且至关重要。因此，构建一套能够赢得消费者信赖的保障体系显得尤为重要。在网络环境下，消费者权益保护的核心在于建立消费者对新型交易方式的信任。于是，网络环境下的消费者权益保护就转化为构建消费者信任体系。

消费者信任不仅涵盖传统消费者权益保护法中的保护内容，还涉及网络交易安全，即消费者对网络交易真实性和可靠性的信赖。总体而言，电子商务中消费者权益保护涉及的主要法律问题包括以下四个方面：一是电子商务经营者的义务规定，二是电子商务消费者的个人信息保护规定，三是关于网站保密和信息合法访问的相关规定，四是支付方式的安全性规定。通过明确这些法律问题，我们可以更有效地保护消费者在电子商务交易中的权益。

案例

彭某某诉某电子商务公司网络购物合同纠纷案

原告彭某某通过网络在被告某电子商务公司购买了4份“××糖果”。支付货款1 475.60元后，收到通过快递送来的商品。彭某某在食用部分糖果后发现，商品包装上虽然注明了保质期、生产商和生产地址，但缺少生产日期的喷码标识，且无法查询到生产商的相关信息。

彭某某以销售不符合食品安全标准的食品为由，将某电子商务公司诉至法院，要求退还货款并支付货款金额10倍的惩罚性赔偿金。法院经审理后认为，某电子商务公司销售无生产日期标识且虚构生产厂家的食品，违反了《中华人民共和国食品安全法》(以下简称《食品安全法》)的相关规定。根据《最高人民法院关于审理食品安全民事纠纷案件适用法律若干问题的解释（一）》的规定，判决某电子商务公司退还彭某某货款，并支付货款金额10倍的赔偿金。

本案例强调了电商经营者在销售预包装食品时，必须严格遵守食品安全法规，确保产品信息的完整性和真实性。预包装食品上缺少生产日期等关键信息，将对消费者的健康和安全构成潜在威胁。通过本案的裁决，进一步明确了电商经营者的主体责任，规范了网络食品交易秩序，保护了消费者的合法权益。

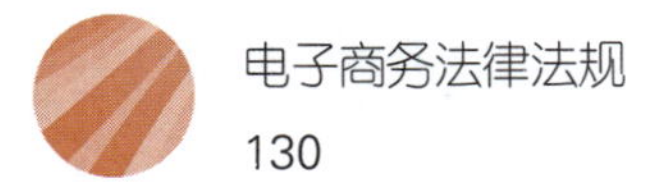

学习单元 2　电子商务中消费者权益保护的法律法规

学习目标

- **知识目标**

1. 了解电子商务中消费者权益保护的主要框架。
2. 掌握电子商务中消费者的主要权益。

- **技能目标**

1. 能够熟练识别电子商务中消费者的权益是否遭受侵害。
2. 能够熟练识别电子商务中消费者的哪项具体权益受到侵害。

学习导入

商家因“差评”擅自公布消费者个人信息构成侵权

原告张某等人因对被告某商家的“剧本杀”游戏服务不满，在网上发布了“差评”。该商家随后在微信公众号上公开了与张某等人的微信群聊记录、游戏包间的监控视频片段，以及张某等人的微信个人信息，并声称“可向公众提供全程监控录像”。张某等人认为商家的这些行为侵犯了他们的隐私权和个人信息权益，因此提起诉讼，要求商家停止侵权、公开道歉并赔偿精神损失。经过审理，法院认为消费者在商家提供的包间内的活动具有私密性。商家为回应“差评”，在微信公众号上公开消费者包间内的监控录像，并表示可以提供全程录像，这构成了对消费者隐私权的侵犯。同时，商家未经张某等人同意就公开其微信个人信息，也侵犯了他们的个人信息权益。根据《民法典》和《中华人民共和国个人信息保护法》的相关规定，法院判令商家立即停止公开监控录像，删除微信公众号中的侵权内容，并发布道歉声明，同时向张某等人支付精神损害赔偿金。

请思考

电子商务中消费者权益保护的主要框架是什么？电子商务中，消费者的隐私权、

名誉权、公平交易权、自由选择权和知情权分别指什么？有哪些具体的保护措施来确保这些权益不受侵犯？接下来，我们将一同深入学习本单元的内容，逐步探寻这些问题的答案。

相关知识

一、电子商务中对消费者权益保护的主要框架

1. 信息透明的有效保护

参与电子商务的消费者应该享有不低于在其他商业形式中享有的透明的和有效保护的水平，同时要求政府、企业、消费者及其代表应共同努力以达到这样的保护水平，这一要求相当于保护消费者的知情权。

2. 规范销售者的商业、广告及销售行为

《电子商务法》《侵害消费者权益行为处罚办法》等法律法规，均对销售者的商业、广告及销售行为提出了明确要求。这些规定旨在确保销售者的行为公平、诚信，并充分关注消费者的利益。具体要求包括不进行虚假陈述、不从事可能导致欺骗或误导的行为，广告内容必须真实合法，同时销售过程中应尊重消费者的选择权，不得进行不公平的搭售行为。这些法律法规和政策文件共同构成了保护消费者权益的法律屏障，为电子商务市场的健康发展提供了有力保障。

3. 在线信息披露

信息披露是确保交易透明和消费者知情权的重要措施。根据我国法律规定，电子商务经营者和电子商务网络平台需要披露的信息有商业信息、商品或服务的信息、交易信息。

二、电子商务中消费者权益保护相关的法律法规

1. 电子商务中消费者的隐私权

随着电子商务的迅猛发展，电子商务中的消费者因为网络交易和接受服务的需要，必须在网络上向各类经营者提供包括自己个人资料在内的隐私信息。而且，消费者在网络上的“行踪”也常常在毫无知觉的情况下被记录下来。而这些个人资料有可能被收集者转售给其他商业组织。因此，消费者十分关注参与电子商务是否会暴露自己个人隐私。

一般来说，侵犯个人隐私权有三种情况：一是不当收集利用个人资料，侵害个人

隐私、个人信息的享用权；二是利用现代信息技术不当地收集、窥视、公开他人的私事，构成对他人隐私权的侵犯；三是侵犯个人自主、独立生活的权利或独处的权利。

2. 电子商务中消费者的名誉权

《民法典》规定，公民、法人享有名誉权，公民的人格尊严受法律保护，禁止用侮辱、诽谤等方式损害公民、法人的名誉。名誉权是人格尊严的重要部分，《中华人民共和国宪法》第三十八条规定，中华人民共和国公民的人格尊严不受侵犯。禁止用任何方法对公民进行侮辱、诽谤和诬告陷害。

例如，沈某在浏览网页过程中，看到张某在微博中发表了许多贬低自己人格的文章，于 2016 年向法院起诉张某在微博上的言语侵害了其名誉权。2016 年 9 月 11 日，法院作出判决，认定张某侵犯了沈某的名誉权，张某在微博上发表向沈某的致歉声明，并赔偿精神损害抚慰金 1 000 余元。

现实中有很多诸如此类的事情会侵犯公民的名誉权。在《民法典》颁布实施以后，国家对公民的名誉权有了更加严格的保护。对于侵犯名誉权的种种行为，公民可以用法律武器保护自己。

3. 电子商务中消费者的公平交易权

公平交易是指交易双方在交易过程中获得的利益相当，在消费性的交易中，则是指消费者获得的商品和服务与其交付的货币价值相当。《电子商务法》赋予了消费者公平交易的权利，这种公平交易的条件包括合理的价格和商品的质量保证。在传统消费领域中，相同的商品在不同场所的消费价格可能大不相同。在电子商务消费领域，商品的价格不能因为所在的交易平台的不同而有悬殊。

所谓合理的价格，即商品或服务的价格应该符合国家物价的规定，与价值相符。价格是否合理，直接关系到消费者的财产利益是否能够实现。传统消费领域的消费者能够直接接触商品，判断商品价值从而实现讨价还价，而电子商务消费领域的消费者只能根据网上所提供的商品与服务的信息自己推断商品与服务的价格与其本身的价值是否相当。这种自始至终“自己搞定”的购物方式，很容易使消费者被网上的虚假信息所骗而进行不公平交易，因此电子商务中应更加强调网上商品价格的合理性。

《中华人民共和国价格法》规定，经营者不得利用虚假的或者使人误解的价格手段，诱骗消费者与其进行交易。电子商城提供的商品价格必须合理，要做到货有所值、质价相符。同时，消费者购买商品或者接受服务，有权获得质量保证。商品和服务质量的好坏，是消费者的公平交易权能否得到满足的关键，网络消费者有权要求从网上购买的商品符合国家规定的质量标准，尤其是可能危及人身及财产安全的商品，

更应保证其质量。在电子商城这种新型购物模式的发展过程中，严格反对以假充真、以次充好，以不合格产品充当合格产品的现象，这也是电子商务中消费者公平交易权的体现。

4. 电子商务中消费者的自由选择权

消费者有自主选择提供商品或者服务的经营者，自主选择商品品种或者服务方式，自主决定购买或者不购买任何一种商品、接受或者不接受任何一项服务的权利。消费者的自由选择权在《消费者权益保护法》中有明确规定，即消费者享有自主选择商品或者服务的权利，消费者在自主选择商品或者服务时，有权进行比较、鉴别和挑选。在电子商务中，最大特征就是消费者的主导性，消费者的自由选择权利能够充分体现，购物意愿掌握在消费者手中，其可以根据自己的意志加以选择。但是，在电子商务中可能会有一些搭售行为，这种行为可能会在消费者不注意的情况下侵犯消费者的自由选择权。所以，《电子商务法》规定，电子商务经营者搭售商品或者服务，应当以显著的方式提醒消费者注意，不得将搭售商品或者服务作为默认同意的选项，以更加充分地保护消费者的自由选择权。

5. 电子商务中消费者的知情权

电子商务中消费者的知情权是指消费者享有知悉其购买、使用的商品或者接受的服务的真实情况的权利。消费者的知情权主要包括消费者有权要求经营者按照法律、法规规定的方式标明商品或服务的真实情况；消费者在购买、使用商品或者接受服务时，有权询问和了解商品或者服务的有关情况；消费者有权知悉商品或者服务的真实情况。

消费者了解商品的真实情况是消费者正确判断、选择的前提，只有在充分了解商品的功能、效用、外观设计、等级、规格、主要成分等有关情况的基础上，消费者才能对其购买该商品或者服务是否值得作出正确的判断。传统的线下交易中，消费者可以主动行使知情权，能够直接看到和接触商品，真实地了解商品的性能、外观等信息，而在电子商务中，一切都是虚拟的，消费者在交易的过程中根本接触不到商家，更不能亲身感受商品，其了解商品最根本的途径就是通过经营者提供的商品基本信息和网页上的广告宣传。因此，保证消费者在网上获得客观、真实的商品或服务的信息，是电子商务得以健康发展的基础。

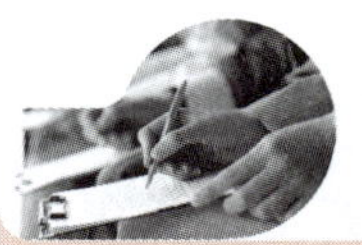

小贴士

电子商务中保护消费者权益的注意事项

第一，要警惕价格陷阱。在网上购物时，不要轻信超低价格商品，在网购时要确认商品价格。如果网上销售的商品价格不明确，或与市场售价相差悬殊，要谨慎购买。更要主动规避一些消费风险及消费陷阱，比如先涨价后降价、低价商品缺货等。

第二，一定要确保网络安全。在网上购物时，尽量选择具有安全功能的电商平台，一定不要点击来路不明的网址链接，这样可以有效避免“钓鱼”网站。同时，要选择安全可靠的付款方式，不要轻易点击第三方给出的非所需商品的链接。要在大型、正规购物网站购物，必要时对经营者的有关信息进行验证查实。

第三，依法维权。在购物后，要注意保存有相关商品规格、型号、功能和价格等信息的页面，商品交易订单页面，与商家的聊天记录等电子证据。下单后，要保存相关电子单据票号。消费者收到商品应及时验货试用，发现问题及时联系商家处理。若无法与商家达成一致，建议先申请退款，通过电商平台进行维权投诉。

做一做

除了教材中列举出的各项法律法规条文以外，请在北大法宝网站搜索更多和电子商务交易相关的法律规范，同时在中国裁判文书网上搜索与电子商务中消费者权益保护相关的案例判决。

三、消费者权益保护锦囊

1. 遭遇网购纠纷时去何处起诉维权

当发生网购纠纷时，如果买卖双方没有特别约定，消费者既可以选择向卖方住所地的法院提起诉讼，也可以选择向买受人住所地或商品收货地的法院提起诉讼。这样

的选择权为消费者提供了更大的便利性和灵活性。

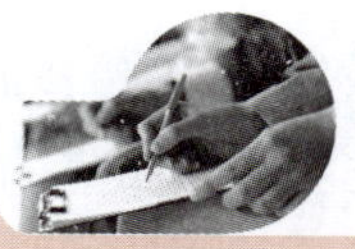

想一想

在当前的数字化时代，网络购物已经渗透到我们日常生活的方方面面，成为大众日常消费的重要模式。然而，相较于传统的线下购物，网络购物因其虚拟性和信息不对等性，消费者往往对商品的真实情况了解不足。那么，在这种环境下，我们该如何增强消费者的自我保护意识，以避免受到欺诈或误导？同时，一旦消费者权益受到侵害，我们又该如何有效地运用法律武器来维护自己的合法权益？

2. 途中有损伤或丢件的情况如何理赔

当购买的物品在邮寄途中出现损坏或丢失的情况，理赔和责任承担问题变得尤为重要。通常，在卖家通过快递公司将商品发送至双方约定的交付地点后，只要买家还未签收，商品就未完成正式交付。在这个阶段，如果快递遗失，风险依然由卖家承担。

若购买的物品在邮寄过程中受到损坏，消费者在收到快递时应立即拍照留存证据，并及时向卖家提出索赔要求。如果卖家已经为货物提供了适当的包装保护，但仍发生损坏，那么卖家可以与快递公司进行协商理赔。若协商无果，卖家可持相关证据向法院提起诉讼，以维护自身权益。

在整个过程中，确保有充分的证据来支持索赔或诉讼至关重要。因此，消费者在收到损坏商品时，务必及时拍照并记录所有相关信息，以便后续处理。

3. 七天无理由退货

“七天无理由退货”政策并不适用于所有商品。根据《消费者权益保护法》以及《网络购买商品七日无理由退货暂行办法》的规定，网购商品的消费者在收到商品后的七日内有权无理由退货，但必须满足特定条件：首先，退货申请必须在收到商品后的七日内提出；其次，商品不能属于某些特定类型，如消费者定作的商品，鲜活易腐的商品，在线下载或消费者拆封的音像制品、计算机软件等数字化商品，交付的报纸、期刊，以及其他根据商品性质并经消费者在购买时确认不宜退货的商品。

4. 买到假冒伪劣商品

普通消费者购买商品的目的是满足自身需求，如果购买到假冒伪劣商品，那么商

家就已经构成了违约，导致合同目的无法实现，这构成了合同解除的法定事由。除此之外，消费者还有权要求商家进行赔偿，主要包括以下三种情形。

（1）如果消费者购买到假冒的商品，可以要求商家支付商品价款3倍的赔偿。《消费者权益保护法》规定，经营者提供商品或服务有欺诈行为的，应当按照消费者的要求增加赔偿其受到的损失，增加赔偿的金额为消费者购买商品的价款或接受服务的费用的3倍；如果增加赔偿的金额不足500元，则按照500元进行赔偿。除非法律另有规定，否则应依照此规定执行。

（2）如果消费者购买到存在食品安全问题的假冒伪劣食品，可以要求商家支付商品价款10倍的赔偿。《食品安全法》规定，消费者因不符合食品安全标准的食品受到损害时，既可以向经营者要求赔偿损失，也可以向生产者要求赔偿损失。接到消费者赔偿要求的生产经营者应实行首负责任制，先行进行赔付，不得推诿责任；如果属于生产者的责任，经营者在赔偿后有权向生产者追偿；如果属于经营者的责任，生产者在赔偿后有权向经营者追偿。

（3）除了上述赔偿方式外，现在部分购物平台上还出现了“假一赔十”的承诺。《最高人民法院关于审理网络消费纠纷案件适用法律若干问题的规定（一）》规定，如果平台内经营者向消费者销售的商品或提供的服务损害了消费者的合法权益，并且他们向消费者承诺的赔偿标准高于相关法定的赔偿标准，那么当消费者主张平台内经营者按照其承诺进行赔偿时，人民法院应依法给予支持。

5. 网购的赠品有质量问题

如果网购时附送的赠品存在质量问题，消费者是有权索赔的。赠品被视为经营者以其他方式表明商品或服务质量状况的产品，因此它与销售的商品一样，必须具备合格的品质。经营者不能以赠品为由提供不合格或假冒的产品。如果商家提供的赠品出现质量问题，消费者同样可以要求退换或寻求赔偿。

6. 网购后店铺“消失”

如果网购后店铺“消失”，无法联系上卖家，网购平台应承担相应的连带责任。

消费者有权在电子商务平台上查阅经营者的相关信息，这涵盖了证照信息、经营许可证信息等。若不清楚如何查阅，可以咨询平台的客服人员。若经营者为个体，其个人身份信息通常不会直接对消费者公开，但在此情况下，消费者有权利要求平台公开店铺经营者的相关信息。

案例

外卖平台未审核餐饮服务提供者资质应承担连带责任

被告甲公司运营的外卖餐饮平台向消费者承诺已对入网餐饮服务提供者的食品经营许可证进行了严格的实地审查。然而，原告王某在该平台购买麻辣烫时，发现提供食品的店铺并未取得食品经营许可证。王某因此将甲公司及该麻辣烫店铺告上法庭，要求双方承担连带赔偿责任。

审理法院认为：甲公司经营的外卖餐饮平台属于网络交易第三方平台，依照《食品安全法》规定以及甲公司在外卖平台上作出的承诺，甲公司应对入网食品经营者进行实名登记，并审查其是否取得食品经营许可证，但甲公司未履行上述义务，使王某购买到了无食品经营资质商家制作的食品，合法权益受损，甲公司应与食品经营者承担连带赔偿责任。

思考与练习

1. 简述电子商务中消费者与传统消费者的不同及电子商务中消费者有哪些权益。
2. 大数据时代下，在电子商务中如何实现消费者隐私权的保护？
3. 购买物品在邮寄途中有损坏或丢件的情况，该如何理赔？应由谁承担责任？
4. 网购中买到假冒伪劣商品可以要求哪些赔偿？

模块七
电子商务争议解决与法律责任

学习单元1 电子商务争议解决方式

学习目标

● 知识目标

1. 了解电子商务争议的概念和特征。
2. 掌握电子商务争议的解决方式和相关机制。

● 技能目标

能够有效处理电子商务交易中出现的争议。

学习导入

丁某诉甲公司及电商平台销售问题碧根果案

丁某于2022年4月在某电商平台经营的甲公司官方旗舰店内花费7.9元购买了一包碧根果。然而，收货后丁某发现碧根果的果实颜色发黑，且口感极差。经查询，所购碧根果上标注的食品生产许可证编号与官方信息不符。更令人讶异的是，碧根果包装上标注的产品标准实际上是枸杞的标准。在向平台投诉两次却未获回应后，丁某决定再次购买同款碧根果进行验证，结果发现同样的问题依然存在。于是，他将甲公司及电商平台一同告上了法庭。

法院经审理后裁定，由于涉案产品的食品生产许可证编号与官方信息明显不符，

甲公司作为销售方未能充分履行其进货查验的职责，因此必须承担退货款的责任，并赔偿丁某 1 000 元。同时，电商平台因在丁某两次投诉后两个多月的时间里，仍允许甲公司在其平台上销售问题产品，被视为知情但未采取相应措施，故需承担连带责任。

请思考

电子商务中常见的争议类型有哪些？解决这些争议的主要方式有什么？如何根据实际情况选择最合适的解决方式？如何有效运用电子商务争议解决机制解决电商纠纷？接下来，让我们带着这些问题，一同深入探究本单元的内容，寻找答案。

相关知识

一、电子商务争议概述

1. 电子商务争议的概念

电子商务争议指的是在电子商务活动中，各方主体通过互联网等信息网络进行商品销售或提供服务时所产生的争议。

2. 电子商务争议的主体

电子商务争议的主体包括电子商务经营者、消费者、第三人（见表 7-1）。

表 7-1　电子商务争议的主体

主体类型	描述	包含的具体主体
电子商务经营者	通过互联网等信息网络从事销售商品或提供服务经营活动的实体	电子商务平台经营者
		平台内经营者
		通过自建网站、其他网络服务销售商品或者提供服务的电子商务经营者
消费者	通过互联网等信息网络购买商品或接受服务的实体	自然人
		法人或非法人组织
第三人	在电子商务交易中，除电子商务经营者和消费者之外的其他相关实体	知识产权权利人
		快递物流服务提供者（如 EMS 等）
		电子支付服务提供者（如支付宝等）
		与电子商务活动相关的行政机关

3. 电子商务争议的特征

电子商务争议具有空间上跨区域、小额争议居多、当事人地位上不对等、争议的虚拟性等特点。

4. 电子商务争议的类型

从法律依据的角度来看，电子商务争议可分为以下三大类型：民商类争议、刑事类争议和行政类争议。其中，民商类争议主要涉及如下几个方面。

（1）消费者与电子商务平台经营者、平台内经营者之间因买卖合同、产品责任以及侵权责任等产生的纠纷。

（2）电子商务平台经营者与平台内经营者之间因服务合同等事项而发生的争议。

（3）电子商务经营者或消费者与快递物流服务提供者、电子支付服务提供者之间因服务合同、不当得利、无因管理等产生的纠纷。

（4）电子商务经营者与知识产权权利人之间因知识产权合同、知识产权侵权等问题而引发的争议。

二、电子商务争议的解决方式

1. 传统的争议解决方式

传统的争议解决方式主要有协商、调解、仲裁、诉讼和投诉五种（见表 7–2）。

表 7–2　传统的争议解决方式

解决方式	描述
协商	在没有第三人介入的情况下，双方当事人自行沟通和协商，相互谅解并最终达成协议来解决争议
调解	基于双方自愿原则，由第三方（如消费者组织、行业协会等）介入，协助双方当事人通过谈判达成协议
仲裁	双方当事人提请仲裁机构审理争议，并由该机构作为中立第三方进行调解并作出裁决
诉讼	在法院依法审理下，双方当事人和其他诉讼参与人参与，法院对争议案件进行审理并作出裁决
投诉	向相关主管部门或行业监管机构投诉，这是处理消费者与商家之间纠纷的常用方式

案例

网上买手机经调解退赔案

2022 年 5 月，唐先生因在网上看到某手机店低价销售多种型号的二手 A 品牌手机而产生购买意向。受到低价诱惑，他前往该店，并在销售人员推荐下以 3 888 元购得一部手机。然而，购买后销售人员才告知该手机为合约机，有特殊使用限制：购买后 10 天内，手机需每天至少在线 10 小时，并保持在 5G 信号覆盖区域内，若进入无 5G 信号的场所（如地下停车库），手机将自动锁死，需额外付费解锁。

唐先生对此使用规则不满，当场要求退货退款，但商家拒绝。后经当地消费者权益保护委员会调查，发现该二手手机无销售凭证和保修卡，且手机特殊使用规则是在唐先生付款后才被告知。经过多次沟通和调解，商家最终同意为唐先生办理退货退款。

2. 新型争议解决方式

（1）在线诉讼解决方式

网络庭审是指将涉及网络的案件从现有审判体系中独立出来，充分利用互联网技术，实现起诉、立案、举证、开庭、裁判、执行等全流程的在线化处理，旨在提供更便捷的诉讼服务，并有效节约司法资源。

（2）互联网法院

互联网法院是指案件的受理、送达、调解、证据交换、庭前准备、庭审、宣判等诉讼环节一般应当在互联网上完成，以全程在线为基本原则的法院。这是司法主动适应互联网发展大趋势的一项重要举措。

知识链接

全国首家集中审理涉网案件的试点法院

杭州市专门组建的“互联网法院”于 2017 年 8 月 18 日正式挂牌成立，成为全国首家集中审理涉网案件的试点法院。2018 年，《最高人民法院关于互联网法院审理案件若干问题的规定》，进一步明确了杭州互联网法院的案件管辖范围。根据规定，互联网法院主要集中管辖所在市的辖区内应当由基层人民法院受理的特定类型的互联网案件。

3. 电子商务争议的解决机制

（1）电子商务平台经营者先行赔偿机制

电子商务平台经营者先行赔偿机制，是指在平台内经营者与消费者交易过程中，若因平台内经营者的违约行为导致消费者受损，电子商务平台经营者将先于平台内经营者向消费者进行赔付的制度。

根据《消费者权益保护法》和《电子商务法》的相关规定，仅在以下三种情况下，电子商务平台经营者需承担连带责任或履行先行赔付责任（见表 7–3）。

表 7–3　电子商务平台经营者承担连带责任或履行先行赔付责任的情形

情形	具体描述
未尽审核义务	若电子商务平台经营者对关系消费者生命健康的商品或服务未充分履行对平台内经营者资质资格的审核义务，或对消费者未尽到安全保障责任，导致消费者受损，电子商务平台经营者必须依法承担相应的法律责任
未采取必要措施	当电子商务平台经营者知道或应当知道平台内经营者销售的商品或者提供的服务不符合保障人身、财产安全的要求，或者有其他侵害消费者合法权益行为，未采取必要措施的，将与违规的平台内经营者共同承担连带责任
不能提供真实有效信息	如果电子商务平台经营者无法提供平台内经营者的真实信息，消费者有权要求其进行赔偿

上述三种情况确定的电子商务平台经营者的连带责任或先行赔付责任远远不能涵盖消费者在电子商务平台消费过程中所可能存在的消费纠纷、侵权纠纷等。

电子商务平台先行赔偿机制的建立，不仅有助于消除消费者在网络购物时的顾虑，稳固消费群体，还能更好地保障消费者权益，并推动电子商务的健康发展。此外，电子商务平台经营者在先行赔付消费者损失后，可向违规的平台内经营者进行追偿。

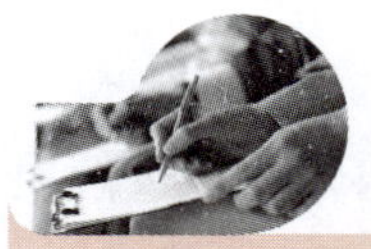

案例

网上购物交易平台先行赔付案

2022年8月，李某在A公司运营的电子商务交易平台上，从B公司的专营店购买了一个迷你小电锅。然而，在收货后，李某发现其所购商品无使用说明书，也无相应生产合格证等信息，且在多次使用中存在漏电情况，遂将A公司及B公司诉至法院，要求停止销售问题产品，并赔偿500元。案件审理过程中，A公司错误地将梁某的信息提供为专营店经营者的信息，李某根据A公司提供的信息，撤回了对B公司的起诉，改将梁某列为本案被告。法院经过开庭审理，查明A公司错误提供专营店经营者的登记信息。后经法院庭外组织调解，A公司向李某赔付500元并即时结清，李某申请撤回起诉。

在本案中，由于A公司未能向李某提供销售者的准确登记信息，导致李某在维权过程中遇到困难。根据《消费者权益保护法》的相关规定，A公司作为电子商务平台经营者，负有对平台内经营者的审查和监管责任。在发生消费纠纷时，平台应向消费者提供经营者的真实信息，并积极协助消费者维权。若平台无法提供此类信息，消费者有权要求平台承担先行赔付责任。

（2）消费者权益保证金制度

消费者权益保证金是指电子商务平台经营者为确保能及时赔付消费者损失，而提前向平台内经营者收取一定金额，以及该金额在银行同期产生的存款利息。

设立消费者权益保证金的初衷，是为了确保电子商务平台经营者的先行赔偿机制能得以有效实施。此项保证金应专款专用，仅限于赔付消费者损失，严禁挪作他用，比如用于电子商务平台经营者与平台内经营者之间的违约责任承担等。消费者权益保证金的具体使用情况应定期公开。

电子商务平台经营者与平台内经营者应就消费者权益保证金的提取金额、管理方式、使用规则和退还机制等作出明确约定。特别是针对当前电子商务平台经营者无故不退还平台内经营者保证金的问题，双方务必明确保证金的退还办法。

（3）电子商务经营者在线争议解决机制

在线争议解决机制是利用互联网执行全部或主要程序的各种争议解决途径的总称，它涵盖了在线仲裁、在线争议调解以及在线和解等多种方式。

虽然在线争议解决机制基本上沿用了已有的替代性争议解决方式的形式，但因其采用了网络这一特殊的技术手段，而成为一种相对独立的争议解决方式。

在线争议解决机制的核心是依赖计算机和网络技术，将计算机网络作为争议解决的平台。目前，现行有效的在线争议解决途径主要包括在线消费者投诉与举报处理，以及在线调解两种形式。

案例

淘宝网在线解决机制

在消费者与销售者因商品质量等问题产生争议时，淘宝网站后台提供了客服支持来解决争议。消费者可以直接在线向销售者提出投诉，或由客服人员与销售者沟通协商，寻求问题的妥善解决。

学习单元 2　电子商务法律责任

学习目标

- **知识目标**

1. 掌握电子商务民事法律责任的概念及具体承担方式。
2. 了解电子商务刑事和行政法律责任的概念。

- **技能目标**

能够准确区分各类电子商务法律责任。

学习导入

“组织刷单入刑”首案

2017 年 6 月 20 日，备受关注的“组织刷单入刑”第一案在杭州市余杭区人民法院进行了公开宣判。

此案的主角，“90后”的刷单组织者李某某，早在2013年2月便通过创建“××网商联盟”网站及利用某语音聊天工具，建立了一个刷单炒信平台。他吸引了某电商平台众多卖家注册成为会员，并收取了300元至500元不等的会员费和40元的平台管理维护费。李某某不仅制定了刷单炒信的详细规则与流程，还组织和协助会员通过该平台发布或接受刷单炒信任务，在某电商平台上进行虚假交易并给予虚假好评，从而提升平台店铺的销量和信誉，达到欺骗平台买家的目的。截至2014年6月，李某某已非法获利高达90余万元。

2016年6月，李某某因涉嫌非法经营罪被公诉机关起诉至余杭区人民法院。余杭区人民法院认为，李某某在明知信息虚假的情况下，仍然通过网络提供有偿的信息发布服务，这一行为严重扰乱了市场秩序，且情节特别严重。法院当庭作出宣判：李某某因犯非法经营罪被判处有期徒刑5年6个月，并处罚金90万元。同时，因其在取保候审期间在江西另犯侵犯公民个人信息罪，被判有期徒刑9个月，并处罚金2万元。两罪并罚，最终决定执行有期徒刑5年9个月，并处罚金共计92万元。

请思考

电子商务法律责任主要有哪些类型？如何准确区分不同类型的电子商务法律责任？有没有具体的判断标准或依据？在实践中，如何熟练运用各种追究电子商务法律责任的方式？有哪些注意事项？接下来，让我们带着这些问题，一同深入学习本单元的内容，寻找答案。

相关知识

一、电子商务民事法律责任

1. 电子商务民事法律责任的概念

电子商务民事法律责任是电子商务活动中，保障电子商务活动主体民事权利和民事义务实现的重要措施，是电子商务活动中违反民事义务一方应承担的民事法律后果。它主要是一种民事救济手段，旨在使受害人被侵犯的权益得以恢复。

2. 电子商务民事法律责任的具体承担方式

根据《电子商务法》和《消费者权益保护法》的相关规定，相关电子商务主体违反相应民事义务，需要承担相应的民事法律责任。

商品生产者、销售者（电子商务平台经营者和平台内经营者）应当对其提供的商品质量负责，服务提供者应当对其提供的服务质量负责。消费者通过电子商务第三方平台购买商品或者接受服务，其合法权益受到损害的，可以向商品生产者、销售者或者服务提供者要求赔偿。

法条链接

第三十七条　电子商务平台经营者对其标记为自营的业务依法承担商品销售者或者服务提供者的民事责任。

第三十八条　电子商务平台经营者知道或者应当知道平台内经营者销售的商品或者提供的服务不符合保障人身、财产安全的要求，或者有其他侵害消费者合法权益行为，未采取必要措施的，依法与该平台内经营者承担连带责任。

对关系消费者生命健康的商品或者服务，电子商务平台经营者对平台内经营者的资质资格未尽到审核义务，或者对消费者未尽到安全保障义务，造成消费者损害的，依法承担相应的责任。

第七十四条　电子商务经营者销售商品或者提供服务，不履行合同义务或者履行合同义务不符合约定，或者造成他人损害的，依法承担民事责任。

——《电子商务法》

法条链接

第四十四条　消费者通过网络交易平台购买商品或者接受服务，其合法权益受到损害的，可以向销售者或者服务者要求赔偿。网络交易平台提供者不能提供销售者或者服务者的真实名称、地址和有效联系方式的，消费者也可以向网络交易平台提供者要求赔偿；网络交易平台提供者作出更有利于消费者的承诺的，应当履行承诺。网络交易平台提供者赔偿后，有权向销售者或者服务者追偿。

——《消费者权益保护法》

案例

网购无人机纠纷案

2022 年 2 月，王某某通过网购平台从某商贸公司购买了一台标价为 507 元的无人机。购买前，该商贸公司声称该无人机能控制飞行 5 000~8 000 米并具备智能返航功能。然而，在王某某收到无人机并进行试飞时，发现无人机在飞行仅 100 米左右便失去控制，最终丢失。进一步检查后，王某某发现该无人机没有产品合格证以及生产厂家信息。

此后王某某将该商贸公司诉至法院。法院经审理作出民事判决，判决被告某商贸公司赔偿原告王某某 1 521 元。法院认为电商销售的产品，其产品或者其包装上的标识必须真实，有产品质量检验合格证明，有中文标明的产品名称、生产厂名和厂址；若产品不具备其应当具备的使用性能而事先未作说明，销售者应当承担赔偿消费者损失的责任。本案中销售者销售的产品标识不符合上述规定，且夸大产品性能，存在欺诈行为，应进行 3 倍惩罚性赔偿。

二、电子商务刑事法律责任

1. 电子商务刑事法律责任的概念

在电子商务活动中，若相关主体的行为违反了刑事法律并构成犯罪，将依据《中华人民共和国刑法》(以下简称《刑法》) 的相关规定追究其刑事责任。

这些违法行为可能涉及的罪名包括但不限于：非法侵入计算机信息系统罪，破坏计算机信息系统罪，生产、销售伪劣商品罪，破坏金融管理秩序罪，以及扰乱市场秩序罪等。

2. 侵犯公民个人信息罪的认定

侵犯公民个人信息罪是指向他人出售或者提供公民个人信息，情节严重的行为，或者是将在履行职责或者提供服务过程中获得的公民个人信息，出售或者提供给他人的行为。

关于侵犯公民个人信息罪的刑事责任，《刑法》有明确的规定。

法条链接

第二百五十三条之一　违反国家有关规定，向他人出售或者提供公民个人信息，情节严重的，处三年以下有期徒刑或者拘役，并处或者单处罚金；情节特别严重的，处三年以上七年以下有期徒刑，并处罚金。

违反国家有关规定，将在履行职责或者提供服务过程中获得的公民个人信息，出售或者提供给他人的，依照前款的规定从重处罚。

窃取或者以其他方法非法获取公民个人信息的，依照第一款的规定处罚。

单位犯前三款罪的，对单位判处罚金，并对其直接负责的主管人员和其他直接责任人员，依照各该款的规定处罚。

——《刑法》

案例

非法出售不特定公民个人信息需承担公益损害责任
——马某某侵犯公民个人信息案

马某某因非法出售公民个人信息而受法律制裁。2021 年以来，马某某利用其在某购物平台经营通信店的便利，在为客户办理手机卡时，擅自将客户新办的手机号码通过微信群泄露给他人用于手机应用软件注册。每单获利 5 到 20 元不等。经查，马某某共出售公民个人信息 700 余单，非法获利 9 896 元。

法院经审理后判决马某某犯侵犯公民个人信息罪，判处有期徒刑 8 个月，缓刑 1 年，并处罚金 1 万元。同时，其违法所得被没收并上缴国库。此外，马某某还需支付与获利金额等额的社会公益损害赔偿金，并在县级媒体上对其侵犯公民个人信息的行为公开赔礼道歉。

通过互联网非法出售公民个人信息，导致众多不特定公民个人信息被泄露，侵害公民个人信息安全，损害社会公共利益。检察机关作为公共利益的代表，可以对侵犯公民个人信息的违法行为人依法提起刑事附带民事公益诉讼，要求其承担赔偿损失等公益损害责任，加重侵犯公民个人信息违法犯罪成本，全面维护公民个人信息安全。

做一做

请查找《最高人民法院、最高人民检察院关于办理侵犯公民个人信息刑事案件适用法律若干问题的解释》中对于“侵犯公民个人信息犯罪活动”的具体法律解释和定罪标准。

三、电子商务行政法律责任

1. 电子商务行政法律责任的概念

电子商务行政法律责任是指各类电子商务主体因违反《电子商务法》及其他相关行政法律规范而应当承担的法律责任。

2. 电子商务行政法律责任的具体内容

电子商务行政法律责任主要包含两个方面的情形：第一，国家机关法人及工作人员在对电子商务进行管理的过程中作出违反行政法规相关规定的违法行为；第二，行政相对人拒不履行本应承担的相关义务的行为。

案例

广州市某贸易有限公司违法使用军旗军徽广告案

广州市某贸易有限公司在其经营的“某男装旗舰店”网店内，发布了一款T恤的广告。该T恤设计上使用了中国人民解放军空军胸标和中国人民解放军空军军旗作为标识。

经广州市花都区市场监督管理局查证，该公司的行为违反了《中华人民共和国广告法》(以下简称《广告法》)第九条第（一）项的规定，即广告中不得使用或变相使用中华人民共和国的国旗、国歌、国徽，军旗、军歌、军徽。因此，监管部门依法责令广州市某贸易有限公司立即停止发布含有违法内容的广告，并处以3万元的罚款。

思考与练习

1. 电子商务争议的概念是什么?
2. 电子商务争议的解决方式有哪些?
3. 电子商务民事法律责任的具体承担方式有哪些?
4. 电子商务行政法律责任主要包含哪些方面的内容?

模块八 新兴电子商务模式的法律规制

学习单元1　网络直播营销法律法规

学习目标

● 知识目标

1. 了解网络直播营销的概念及主体。
2. 掌握网络直播营销主体的义务及责任。

● 技能目标

1. 能够在实际工作中准确应用网络直播营销相关法律法规。
2. 能够在具体的法律案件中，准确分析并确定网络直播营销主体的法律责任。

学习导入

王某与许某、北京某科技有限公司网络购物合同纠纷案

许某利用其某平台账号进行直播，声称要转让一部某品牌手机。王某观看直播后，通过许某提供的微信号购买了该手机。然而，王某收到手机后发现其为非正品，要求退货退款却遭许某拒绝。王某向平台运营方北京某科技有限公司举报许某的售假行为，许某的平台账号被封停。王某随后将主播许某及北京某科技有限公司诉至法院。法院判决解除原告与被告许某订立的网络购物合同，被告许某退还购机款、承担3倍赔偿责任及合理开支，不支持原告要求被告北京某科技有限公司连带赔偿合理开支的诉讼

请求。

本案中被告许某通过直播平台从事商品销售，可认定为电子商务经营者，其具有主播和商品销售者的双重身份，私下交易直播带货行为可视为利用主播身份导流并实现流量变现，属于经营行为。带货主播的欺诈行为违反《民法典》和《消费者权益保护法》的规定，要承担相应民事责任。而直播平台尽到了事前提示和事后监督义务，无须承担责任。

请思考

网络直播营销的具体定义是什么？网络直播营销涉及哪些参与主体，这些主体在运营过程中需要承担哪些法律义务？如果网络直播营销主体违反了相关法律规定，将承担怎样的法律责任？目前有哪些法律法规是与网络直播营销密切相关的？接下来，让我们带着这些问题，一同深入探究本单元的内容，寻找答案。

相关知识

一、网络直播营销概述

随着互联网经济的深入发展，网上营销模式持续创新，其中网络直播营销成为这一创新趋势的代表。自 2016 年以来，我国的网络直播营销蓬勃发展，为就业市场注入了新的动力，激活了市场经济，对稳定经济增长起到了至关重要的作用。但在这繁荣的背后，也潜藏着诸多法律问题。网络直播营销中存在大量的虚假宣传、退换货困难、销售违禁品、利用“专拍链接”误导消费者、诱导场外交易、滥用极限词以及直播内容违法等侵犯消费者权益的行为。

鉴于此，我们需要深入探讨网络直播营销的法律性质，明确网络直播营销主体的法律地位，并厘清在侵权纠纷中，各网络直播营销主体应承担的法律责任。

1. 网络直播营销的概念

网络直播营销指的是通过网站、应用程序、小程序等平台，采用视频直播、音频直播、图文直播、数字人直播或多种形式结合的方式，进行商品推广、销售或提供服务的商业活动。

这种营销方式也经常被大众称为“直播带货”，它融合了现场互动、用户参与、促销策略、冲动消费引导、明星效应以及信任背书等多重元素，构成了一种复合型的营销模式。

直播带货是网红经济、线下导购经济以及传统电商经济的有机结合和升级，不仅优化了消费者的购物体验，还为众多品质优良、服务到位的产品打开了市场销路。

2. 网络直播营销的特征

网络直播营销的特征见表 8–1。

表 8–1　网络直播营销的特征

要点	具体内容
直接性	直播平台使企业或个人能够直接面向最终消费者展示产品或服务，省略了中介或传统媒体的环节，显著提升了营销效率和响应速度
互动性	直播平台提供弹幕、评论、打赏等实时互动功能，使观众能够即时参与并发表观点，与直播营销人员实时对话，大大增强了用户的参与感和购买的信心
真实性	直播平台所展示的内容均为实时传输，未经后期剪辑，确保观众所看到的产品或服务真实可靠，进而提升消费者对品牌的信任度和忠诚度
内容丰富性	直播平台支持文字、图片、视频、音频等多种内容形式，为营销手段提供了更多的选择和可能，使内容更加多元且引人入胜
高效性	直播营销具备在短时间内吸引大量观众注意力的能力，同时提供便捷的即时购买选项。观众在观看直播时，可通过点击购买链接或扫描二维码迅速完成购买，极大地提高了营销转化率

3. 网络直播营销的主体

相较于传统电子商务，网络直播营销这一新型电子商务模式拥有更加完整和多元的产业链。它从原产地、工厂、经销商，延伸至渠道平台、直播服务商和主播，再触及支付服务商和物流服务商等各个环节。在这种模式下，“人—货—场”的互动循环构成了其核心的运作方式。这里的“人”代表的是主播以及为主播提供服务的直播营销机构，“货”则是指供应商品的商家，而“场”则是指为直播营销活动提供网络空间的直播营销平台。

网络直播营销主体可划分为以下几类。

（1）直播营销平台

直播营销平台是指在网络直播营销中提供直播服务的各类平台，包括互联网直播服务平台、互联网音视频服务平台以及电子商务平台。

（2）直播间运营者

直播间运营者是指在直播营销平台上注册账号或通过自建网站等其他网络服务，开设直播间并从事网络直播营销活动的个人、法人或其他组织。

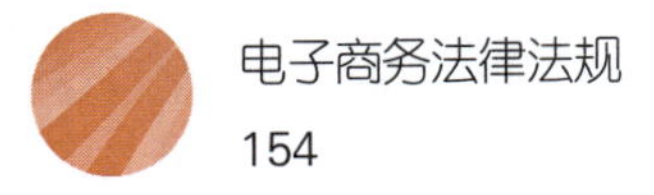

（3）直播营销人员

直播营销人员是指在网络直播营销中直接向社会公众开展营销的个人。随着直播营销的蓬勃发展和主播数量的显著增加，国家正式将这类职业命名为“直播销售员”，并将其归类为“互联网营销师”的职业范畴。

（4）直播营销人员服务机构

直播营销人员服务机构是指为直播营销人员从事网络直播营销活动提供策划、运营、经纪、培训等的专门机构。

4. 网络直播营销的类型

网络直播营销可以从不同角度进行分类。若依据网络主播直播带货所依赖的网络平台类型来划分，网络主播直播带货的模式可分为电商平台带货模式和非电商平台带货模式。电商平台带货模式是指在电商平台原有功能的基础上，通过技术升级增加了直播带货功能，从而实现网络直播带货。非电商平台带货模式则是指非传统的电商平台在直播功能中融入了商品销售交易的功能，以此实现网络直播带货。

不论在哪种模式下，都可以以网络直播营销人员为主体，将网络直播营销分为两类。

（1）自播式网络直播营销

在这种模式下，直播间运营者亲自参与直播带货，自行宣传并销售商品。这与传统的销售模式相似，其中直播间运营者与平台内经营者的身份是一致的，直播营销人员通常也是直播间运营者或其雇员。

（2）助播式网络直播营销

在这种模式下，直播间运营者和网络直播营销人员与商家以及电子商务平台内经营者是相互独立的。直播间运营者和网络直播营销人员利用自身的流量优势，为其他商家销售产品。在这个过程中，直播间运营者和网络直播营销人员可能同时扮演广告代言人、广告发布者、广告经营者的角色。然而，他们具体的法律地位需要根据实际情况来进行确认。

二、网络直播营销法律定位及相关法律法规

1. 网络直播营销法律定位

网络直播营销本质上属于市场营销范畴，旨在通过各种形式将商品或服务传递给消费者。因此，各参与主体必须严格遵守《民法典》及其他相关法律。同时，作为一种新兴的营销方式，网络直播营销还需遵循特定的法律规定。

2. 网络直播营销相关法律法规

根据不完全统计，当前规制网络直播营销行业的相关法律法规见表 8–2。

表 8–2　规制网络直播营销行业的相关法律法规

类型	名称
法律	《广告法》 《电子商务法》 《中华人民共和国反不正当竞争法》 《消费者权益保护法》
行政法规、部门规章	《互联网广告管理办法》 《互联网信息服务管理办法》 《网络交易监督管理办法》

近年来，为加强市场监管，引导网络直播行业规范发展，我国相关部门已推出一系列政策措施。这些措施为市场环境的净化提供了有力支持，并促进了网络直播行业的健康、可持续发展。

2021 年 4 月 16 日，由七部门联合发布的《网络直播营销管理办法（试行）》（以下简称《办法》）正式实施。《办法》主要包括以下内容。

第一，《办法》明确了直播营销平台、直播间运营者、直播营销人员等相关概念，这为相应法律法规的准确适用提供了坚实的基础。

第二，《办法》详细阐述了直播营销平台应履行的职责与义务。在事前预防方面，法规要求平台对那些粉丝众多、交易金额巨大的重点直播间，需安排专人进行实时检查，并延长直播内容的保存时间，以加强防范。在事中警示环节，平台需建立风险识别模型，对高风险行为和可能影响未成年人身心健康的内容，采取弹窗提示、明显标识、功能限制及流量控制等手段进行调控。在事后惩处方面，平台必须对违法违规行为采取严厉措施，如阻断直播、关闭账号、列入黑名单甚至进行联合惩戒。这些举措切实强化了直播营销平台的责任感。

第三，针对直播间运营者和直播营销人员的行为规范及责任，《办法》也给出了明确规定。所有从事网络直播营销的主体，必须严格遵守国家法律法规和相关规定，维护社会公德，确保所发布的商品或服务信息真实、准确、全面。同时，《办法》还列出了禁止从事的具体事项，以进一步规范从业人员的直播营销行为。

第四，在监督管理方面，法规赋予监管部门权力，以便其根据需要对直播营销平台履行主体责任的情况进行监督检查，并对存在问题的平台进行专项检查。此外，还要求监管部门对严重违法的直播营销市场主体进行信息共享，并依法开展联合惩戒。

这些规定为网络直播营销领域的有效治理提供了明确的法律依据。

三、网络直播营销主体的义务与责任

随着网络直播营销的蓬勃发展，涉及的纠纷案件数量也显著增加。为了更好地规范市场行为、保护消费者权益，我们需要明确网络直播营销中各方的义务与责任。

1. 直播营销平台的义务与责任

（1）平台管理义务

直播营销平台有责任建立完善的机制，涵盖账号及直播营销功能的注册与注销、营销行为规范、未成年人保护、消费者权益保护、个人信息保护以及网络和数据安全管理等方面。对于违反法律法规和服务协议的直播间运营者账号，应根据情况采取相应的处置措施，如警示提醒、功能限制、暂停发布、账号注销、禁止重新注册等，并建立黑名单制度。此外，直播营销平台应配置与服务规模相匹配的直播内容管理专业团队，并具备确保互联网直播内容安全的技术实力。根据相关法律法规和国家规定，直播营销平台还需制定并公开网络直播营销的管理规则和平台公约。

（2）审核义务

直播营销平台必须对直播间运营者和直播营销人员进行真实身份信息认证，这包括身份证件信息和统一社会信用代码等。同时，平台还需对直播营销的内容、商品及服务的真实性和合法性进行严格审核。

（3）禁止性义务

直播营销平台严禁为直播间运营者和直播营销人员虚假或误导性的商业宣传提供任何帮助或便利。

（4）广告发布者或者广告经营者义务

如果直播营销平台提供付费导流等服务，并对网络直播营销进行宣传和推广，构成商业广告的，平台必须履行作为广告发布者或广告经营者的责任和义务。

（5）保障消费者权益义务

直播营销平台应建立完善的投诉和举报机制，明确处理流程及反馈时限，以便及时处理公众对违法违规信息和营销行为的投诉举报。当消费者通过直播间内的链接或二维码跳转到其他平台购买商品或接受服务，在发生争议时，相关直播营销平台应积极协助消费者维护其合法权益，提供必要的证据支持。

（6）代扣代缴义务

直播营销平台应依法履行税务代扣代缴的职责。

若直播营销平台未能履行上述义务，将承担相应的法律责任，包括但不限于无法提供直播间运营者真实信息时的先行赔付责任、未尽审核义务的连带责任，以及在明

知或应知不法行为情况下的连带责任。

2. 直播间运营者与直播营销人员的义务与责任

由于直播营销人员往往身兼多重角色，我国相关法律并未对其义务与责任进行单独规定，而是将其与直播间运营者的义务与责任进行了统一概括。

（1）合法经营义务

直播间运营者和直播营销人员在从事网络直播营销活动时，必须严格遵守国家法律法规和相关规定，同时，他们的行为也应符合社会公序良俗。在发布商品或服务信息时，应确保信息的真实性、准确性和全面性。

（2）广告经营者或者广告代言人的责任和义务

直播间运营者或直播营销人员接受委托，提供广告设计、制作、代理、发布等服务时，他们应依法承担起广告经营者和广告发布者的责任与义务。若直播营销人员以自身名义或形象为商品、服务进行推荐或证明，从而构成广告代言时，他们也应依法履行广告代言人的责任和义务。

（3）直播间运营者的审查义务

直播间运营者有责任在事前对产品及其包装标识进行详尽审查，包括但不限于商品的产地、生产者、性能、用途、规格、成分、价格、有效期限以及知识产权状况等信息。同时，直播间运营者还需封存样品以备查验。对于依法需要特殊行政许可或备案的商品或服务，直播间运营者应进行专门的资质审查。

（4）保障消费者权益义务

直播间运营者和直播营销人员不得发布任何虚假或误导性信息，以免欺骗或误导用户。他们不得销售假冒伪劣商品或不符合人身、财产安全保障标准的商品。在面对消费者提出的合法合理要求时，他们不得故意拖延或无正当理由拒绝。

案例

“手膜”产品直播宣传违规被罚

A市B网络科技有限公司近日因在C直播平台进行“手膜”产品推销直播时，使用违规宣传语而遭到行政处罚。

在直播中，该公司宣称其产品含有独特的某种成分，并声称市场上无其他手膜产品含有此成分，同时强调自家产品具备美白类特殊证书，为市场独家。

经A市市场监督管理局查证，该公司的宣传行为违反了《广告法》的规定，存在误导消费者的嫌疑。根据《广告法》的规定，A市市场监督管理局已对该公司作出行政处罚，要求其立即停止发布违法广告，并处以人民币10 000元的罚款。

学习单元2　跨境电子商务法律法规

学习目标

- **知识目标**

1. 掌握跨境电商的概念及特征。
2. 了解跨境电商的分类。
3. 掌握跨境电商活动中需要注意的法律问题。

- **技能目标**

1. 能够描述跨境电商隐私和数据保护的措施。
2. 能够描述跨境电商合同签订与履行中需要注意的问题。
3. 能够描述跨境电商税务合规需要注意的问题。

学习导入

欧盟与亚马逊之间的税收争议

在跨境电商的蓬勃发展中，税务合规问题日益凸显。以欧盟与亚马逊之间的税收争议为例，2017年，欧盟对全球电商巨头亚马逊提起了诉讼，指控其利用与卢森堡政府的特殊税收协定，大幅减少了在卢森堡产生的利润税。经过长达3年的审查，欧盟最终裁定亚马逊需向卢森堡政府补缴2.5亿欧元税款，认为这一协定违反了欧盟的国家补贴规定，有“逃税”之嫌。尽管亚马逊对此表示不满并上诉至欧洲法院，但在2021年5月，欧洲法院并未支持欧盟的诉求。

这一案例不仅揭示了跨境电商在税务方面的复杂性，也反映了全球范围内对科技

巨头避税策略的日益关注。对于从事跨境电商的企业而言，这一案例提醒他们必须更加重视税务合规，避免陷入类似的法律纠纷。同时，它也预示着未来可能的税收改革和更为严格的税务监管环境。

请思考

什么是跨境电商？跨境电商具有哪些特征，与传统电商的区别是什么？在进行跨境电商活动时，企业需要特别注意哪些法律问题？接下来，让我们带着这些问题，一同深入学习本单元的内容，寻找答案。

相关知识

一、跨境电商概述

跨境电商冲破了国家间的障碍，使国际贸易走向无国界，从而引发了世界经济贸易的巨大变革。它的发展不仅有利于企业转型，还拓宽了企业的发展空间。通过利用互联网平台，跨境电商在全球构建了开放的多边贸易合作，为企业进入国际市场开辟了新途径，并促进了资源的优化配置。此外，跨境电商实现了交易的直接化，减少了中间环节，提高了效率，进而降低了产品价格，让消费者能够享受到更多实惠。同时，它也极大地方便了消费者，满足了人们多层次的需求，使消费者能够不受地域和时间的限制，购买到在国内无法获得的产品，并通过价格对比选购到性价比最优的商品。跨境电商的蓬勃发展还有力地拉动了国内需求，促进了经济的增长，并得到了国家政策的大力扶持，从而进一步推动了行业的繁荣，为社会创造了更多的就业机会。

1. 跨境电商的概念

跨境电子商务，简称跨境电商，在商业领域里，它通常被定义为“利用互联网等信息网络进行的商品或服务的进出口经营活动”。更精确地说，跨境电商指的是位于不同关税区域的交易双方，借助电子商务平台实现交易、进行电子支付，并利用跨境电商物流和异地仓储来配送商品，从而完成的一种国际性商业交易。从广义角度来看，跨境电商可泛指在跨境交易的任一环节中，运用了电子商务技术的各种商业模式。

2. 跨境电商的特征

跨境电商的特征见表 8–3。

表 8-3　跨境电商的特征

要点	具体内容
跨国界	跨境电子商务是在国际范围内展开的商务活动，突破了传统的地域界限，使商业行为能够自如地穿越国界
跨文化	跨境电子商务中的消费者与商家来自不同国家和地区，需适应并理解多样的语言、文化习俗、法律条款及商业实践差异
跨货币	跨境电子商务涉及多种货币交易，需应对货币兑换、支付手段选择及跨境支付过程中的挑战
跨境物流	跨境电子商务需依赖高效的物流和配送系统，涉及海关清关、运输安排、仓储管理及最终配送等多个环节
跨境法律和监管	从事跨境电子商务，商家必须严格遵循各国家和地区的法律、法规及监管规定，包括但不限于消费者权益保护、知识产权保护、隐私及数据保护等方面的法律要求

3. 跨境电商的分类

（1）按经营主体分类

按经营主体可以分为平台经营者、平台内经营者和自建平台经营者。

跨境电商平台经营者是指在跨境电子商务中为交易双方或者多方提供网络经营场所、交易撮合、信息发布等服务，供交易双方或者多方独立开展交易活动的法人或者非法人组织。

跨境电商平台内经营者是指入驻平台并通过平台直接与交易对象进行交易的主体，有些平台也有自营项目，此时自营店铺应当视为平台内企业。

除了依靠现有的电商平台，部分出口型电商还会选择自建销售网站来推广和销售本企业的商品。

（2）按货物流向分类

按货物流向可以分为跨境进口和跨境出口。

传统的跨境进口主要是指消费者通过国外的电商网站进行购物，所购商品通过转运或直邮等方式运送入境并送达消费者手中。而目前，跨境零售进口还涵盖了“网购保税进口”与“直购进口”两种模式。

从广义角度来看，跨境出口指的是国内电商企业通过电子商务平台完成出口交易、进行支付结算，并依赖跨境物流进行国际配送的一种商业活动。

（3）按交易主体分类

按交易主体可以分为 B2B（Business-to-Business）、B2C（Business-to-

Consumer）、C2C（Consumer-to-Consumer）、O2O（Online-to-Offline）、C2B（Consumer-to-Business）（见表 8-4）。

表 8-4 按交易主体分类

交易主体	描述	示例
B2B	商业实体之间进行的跨境交易活动。企业通过在线平台或电商网站与国外供应商或买家进行商业往来	阿里巴巴国际贸易平台
B2C	商家直接向国外消费者销售商品或提供服务的电商模式。商家利用在线平台或电商网站将商品销售给海外个体消费者	亚马逊、速卖通
C2C	消费者之间进行的跨境交易活动。消费者通过在线市场或拍卖网站向国外的消费者销售二手商品或自制商品	eBay、淘宝国际站
O2O	融合了线上和线下的商业活动。消费者通过在线平台购买商品，之后可以在线下实体店面提取商品或体验服务	代购服务、海外仓储服务
C2B	消费者向商家提供产品或服务的电商模式。消费者通过在线平台向国外企业提供专业服务	Upwork、Freelancer

二、跨境电商中的法律纠纷

1. 隐私和数据保护

在跨境电商领域，用户的个人信息与交易数据至关重要。这些信息包括用户的姓名、住址、联系电话、电子邮箱地址以及银行卡号等敏感内容。一旦被泄露，用户的隐私权和财产安全将面临巨大风险。因此，跨境电商平台有责任且必须采取有效措施，全面保护用户的隐私和数据安全。这一要求对跨境电商从业者提出了双重要求。

一方面，技术要求极为严格。为了切实保护用户隐私和数据安全，跨境电商平台必须采取严密措施。首要任务是建立完善的隐私政策和数据保护规定，清晰地向用户说明个人信息的收集、使用、保护方式及范围。同时，平台需运用加密技术和访问控制等必要技术手段，确保用户信息的安全。此外，跨境电商平台还需采取适当的管理措施，如定期对系统进行安全检测、对员工进行安全培训等，以防范内部泄露用户信息的风险。

另一方面，随着对法律合规风险的认识提升，跨境电商从业者需深入理解和积极应对相关法律法规。他们不仅要熟悉我国关于信息安全的相关法律规定，还要关注境外国家或地区对信息安全保护的特殊要求。例如，自 2018 年 5 月 25 日起，欧盟实施了《通用数据保护条例》(GDPR)，对个人数据保护标准进行了更严格的规定。GDPR 明确规定，企业在收集和使用个人信息前，必须获得个人的明确同意，并采取有效措施确保个人数据免受未经授权的访问、泄露或丢失。违反 GDPR 规定的企业将面临严厉处罚，甚至可能被禁止处理个人信息。

2. 跨境电商合同的争端

在跨境电商领域，由于涉及多国法律制度和司法体系，合同争端时有发生。这些争端主要围绕合同的成立、执行以及争议的处理等方面，包括合同的有效性、商品品质、交货延期、合同条款的解释与履行、退换货政策以及知识产权等多个问题。

以跨境电商交易合同的有效性为例，从法律角度来看，只有有效的合同才能明确规范交易各方的权责。但不同法律体系间对于合同有效性的规定存在显著差异。当合同由无行为能力人签署时，其法律效力将变得不确定，需要根据涉及的法律体系来具体判定。《中华人民共和国涉外民事关系法律适用法》规定，自然人的行为能力依据其经常居住地法律来判断，而法人的权利能力和行为能力则依据其注册地法律来确定。这种法律适用的多元性无疑加大了跨境电商交易的风险。

因此，企业在签署合同之前，必须详尽审查合同的每一条款，核实对方的资质和信誉，以确保合同不仅有效而且合法。同时，为了减少合同争端，企业应确保合同条款的清晰和明确，选择可信赖的合作伙伴，慎重决定支付方式，并设立合理的争端解决机制。

3. 跨境电商的税收问题

跨境电商的税收问题是在跨境交易中必须重视的法律议题。由于各国和地区对跨境税收的规定存在显著差异，这为企业带来了诸多不确定性和潜在风险。在跨境电商税收领域，有几个核心点需要给予特别关注。

(1) 税收管辖权

跨境电商涉及多国税收管辖的错综复杂性。根据国际法和各国税法的规定，跨境电商平台应在其注册地或经营所在地，严格遵守相应的税收法规，并完成税务登记与申报。同时，深入理解和适应不同国家和地区的税收政策，是有效避免双重征税或漏税的重要环节。

(2) 关税和进口增值税

各国在关税和进口增值税政策上各有不同。一些国家对进口商品征收关税和增值税，而另一些国家可能提供税收优惠。为了降低成本、提升市场竞争力，跨境电商平台需要充分了解并遵循相关税收政策，从而合理规划进口和销售策略。

（3）消费税

某些特定商品在一些国家需要缴纳消费税，这是保护国内产业和消费者权益的一种重要措施。跨境电商平台应了解并遵守这些消费税政策，以避免不必要的额外税费或处罚。

（4）税收协定

为了解决跨境电商的税收问题，许多国家之间已经签署了税收协定。这些协定明确了跨境交易的税收规则和税率，旨在有效避免双重征税、减少税收争议。跨境电商平台可以利用这些协定，合法降低税务负担。

（5）税务合规性

跨境电商平台必须严格遵守所有适用的国内外税务法规和规定，这包括及时申报和缴纳各项税款，以及积极配合税务部门的审计和调查。违反税务法规可能会导致严重的罚款或其他法律后果。

为了有效解决上述税收问题，许多国家已经采取了相应措施，为跨境电商创造有利的税收环境。这些措施包括制定专门的跨境电商税收政策、建立高效的电子化报税系统、加强税务监管与执法力度，以及积极推动国际合作等。

想一想

除了教材中提到的跨境电商法律问题，跨境电商平台在跨境电商活动中还会遇到哪些法律问题？

思考与练习

1. 网络直播营销都包含哪些主体，这些主体之间的关系如何。
2. 网络直播营销主体的义务与责任有哪些？
3. 跨境电商的概念及特征是什么？
4. 跨境电商活动中需要注意哪些法律问题？